KB220618

한국신학총서⑰

내게 새겨진 하나님의 형상
참 자기

모든 인간은 하나님의 형상을 닮은 존엄한 존재입니다. 전 세계의 모든 사람들은 인종, 민족, 피부색, 문화, 언어에 관계없이 존귀합니다. 예영커뮤니케이션은 이러한 정신에 근거해 모든 인간이 존귀한 삶을 사는 데 필요한 지식과 문화를 예수 그리스도의 사랑으로 보급함으로써 우리가 속한 사회에 기여하고자 합니다.

한국신학총서⑰
내게 새겨진 하나님의 형상 : 참 자기

초판 1쇄 찍은 날 · 2007년 10월 20일 | 초판 1쇄 펴낸 날 · 2007년 10월 25일

지은이 · 권오균 | **펴낸이** · 김승태

편집 · 이덕희, 방현주 | **디자인** · 정혜정, 이은희, 이훈혜
영업 · 변미영, 장완철 | **물류** · 조용환, 엄인휘

등록번호 · 제2-1349호(1992. 3. 31.) | **펴낸 곳** · 예영커뮤니케이션
주소 · (110-616) 서울 광화문우체국 사서함 1661호 | **홈페이지** www.jeyoung.com
출판사업부 · T. (02)766-8931 F. (02)766-8934 e-mail: jeyoungedit@chol.com
출판유통사업부 · T. (02)766-7912 F. (02)766-8934 e-mail: jeyoung@chol.com
인쇄 삼덕정판 · T. (02)465-4598

copyright©2007, 권오균
© 2007 - Succession Pablo Picasso - SACK (Korea)

ISBN 978-89-8350-448-7 (03230)

값 9,000원

- 잘못 만들어진 책은 교환해 드립니다.
- 본 저작물은 저작권법에 의하여 한국 내에서 보호를 받는 저작물이므로 무단 전제와 무단 복제를 금합니다.

황색의 그리스도 : © Photo RMN - Rene-Gabriel Ojeda / GNCmedia, Seoul, 2007
연토(판화) : © Photo RMN - Thierry Le Mage / GNCmedia, Seoul, 2007
게르니카 : © Photo Scala, Florence - GNCmedia, Seoul, 2007
우리는어디서오는가 : © The Bridgeman Art Library - GNCmedia, Seoul, 2007

이 서적내에 사용된 일부 작품은 SACK를 통해 Succession Picasso와 저작권 계약을 맺은 것입니다. 저작권법에 의하여 한국 내에서 보호를 받는 저작물이므로 무단 전재 및 복제를 금합니다.

내게 새겨진 하나님의 형상
참 자기

권오균 지음
데이비드 옥스버그 · 류기종 추천

예영커뮤니케이션

추천의 글

일평생을 살면서도 우리는 참 자기를 결코 발견하지 못하고 살 수 있습니다. 인간의 기술과 재능들을 좇아 사는 사람들은 자기를 '의사', '변호사', '운동선수' 또는 '예술가'로 생각할지도 모릅니다. 이것들은 교육과 훈련에 의해 갈고 닦은 역할들이지 참 자기는 아닙니다. 또 다른 사람들은 훌륭한 인간의 유형과 같이 되기를 바라며 삽니다. 그러나 이런 모범적인 삶의 유형들인 테레사 수녀, 넬슨 만델라, 시몬 웨일, 마틴 루터 킹, 교황 요한 바오로 2세, 달라이 라마, 또는 빌리 그래함 같은 분들의 존재는 있는 그대로 우리에게 도움이 되나, 그들은 당신도 아니고 나도 아닙니다.

당신이 진정 누구인지 자신을 발견하기 위해서는 당신은 그 유형(type) — 당신이 나타내는 인물의 모형(pattern) — 아래 깊숙이에 있는 성숙한 자아(selfhood)의 원래 인간 모형인, 태고부터 있는 전형(archetype)에 이르러야 하고, 영혼이 성장하도록 이끌면서 이것을 실현시켜야 합니다. 그러나 이것은 그 이상의 어떤 것을 더 필요로 하는데, 그 이상의 어떤 것이란, 우리 인간 실현 가능성(human possibility)의 본질과 핵심이요, 영적 화신(spiritual embodiment)인, 원형(Prototype)을 인식하고 만나는 것입니다. 이것은 모든 인간 위에 뛰어나고, 유일한 본질적인(essential) 인간인 예수 그리스도를 만남으로써 발견됨을 권오균 박사는 설득력 있게 입증하여 줍니다.

권박사는 예수를 본받고, 좇아 사는 삶을 실천함으로 체현된(embodied) 성숙한 인간이 되는 사례를 명확히 확립하였습니다. 그는, 전통적인 한국 개념인 한(갇히고, 볼모로 고난 받고, 희생당하거나 희생으로 바치는 것), 문화적인 개념일 뿐만 아니라 진실로 우주적인 개념인 한에 대하여 아주 명료하게 인간의 깨어진 상태를 분석하고, 그리스도와 동일한 형상을 이루는 영적인 치유 변화(transformation)를 통해 우리가 어떻게 한에서 벗어나 온전케 되는지 보여 줍니다.

권박사는 철학자요 심리학자인 칼 융과 신학자인 칼 바르트의 사상에서 발전시킨 심리학과 신학, 예술을 연합하여 참 자기를 찾도록 이끌어 갑니다. 목회 신학자로 저술하면서, 권박사는 융의 사고를 독창적으로 확장하여 인간의 모든 다른 모형들에 앞서 있는 모형-융과 바르트가 말한 원형(Prototype)-곧 인간의 본질을 결정하는 예수 그리스도의 삶과 그의 가르침, 그리고 성령 안에서 우리에게 드러난 원형을 나타냄으로 사람의 핵심적인 형상(vision)을 분명하게 보여 줍니다. 이것이 신학과 심리학, 그리고 미학(aesthetics)을 통합하여 인간의 본질과 인간 존재의 핵심을 구성하는 그의 견실한 저작의 기초가 됩니다.

권박사는 우리의 상태에 대한 그의 시각이 묘사적(descriptive)일 뿐만 아니라, 우리의 궁극적인 운명(destiny)을 위해서 치료 방법을 처방(prescriptive)합니다. 그는 어떻게 인간의 아픔이 치유 변화를 받는지, 어떻게 고통이 가치 있고 영원한 목적을 위한 수단으로 인정될 때, 의미 있게 되는지, 어떻게 일상적인 삶이 경외함으로 살 때 거룩하게 되는지, 그리고 어떻게 거짓 자기에서 하나님의 형상인 참 자기로 드러나게 되는지를 발견했습니다. 그는 이 중요하고, 사유적이며, 영혼을 감동시키는 책에서 주어진 선물을 가진 선생이요,

카운슬러이자 치유자이며, 예언자입니다.

데이비드 옥스버그 박사 (David W. Augsburger. Ph.D.)
목회돌봄 및 상담 교수(Professor of Pastoral Care and Counseling),
풀러 신학대학교(Fuller Theological Seminary)
파사데나, 캘리포니아 (Pasadena, CA 91182)

추천의 글

목회신학과 상담학을 전공한 권오균 박사가 이번에 깊이 있고 훌륭한 책을 출판하게 된 것을 축하하여 마지않는 바입니다. 권오균 박사는 이 책에서 우리 기독교적 인간 이해의 핵심인 '하나님의 형상'의 문제를 심층심리학과 영성신학에 기초하여 심도 있게 다루어 주고 있습니다. 저자는 하나님이 우리 인간에게 부여한 '하나님의 형상'을 우리 인간의 '참 자기' 혹은 인간의 영적 특성 곧 '영성'(spirituality)으로 규정하고 있습니다. 즉 '하나님의 형상'(Image of God)으로 지음 받은 우리 인간이 어떻게 그 '하나님의 형상'을 상실하게 되었으며, 또한 하나님 형상이 상실된 결과 혹은 실상(實相)은 어떻게 나타나며, 이 파괴되고 상실된 '하나님의 형상'을 어떻게 회복할 수 있는지의 문제를 심도 있게 다루어 주고 있습니다.

권오균 박사는 우리 인간이 '하나님의 형상'을 상실했을 때, 곧 참 자기를 상실하게 되고, 거짓 자아에 사로잡히게 되며, 불안과 초조와 갈등과 분노와 미움 등 '한'(恨)에 사로잡힌 자가 되고, 그 결과로서 우리 인간의 모든 불행과 비극적 현상들이 발생하게 된다고 진단합니다. 특히 이 책에서 우리의 주목을 끄는 점들 가운데 하나는 우리 인간의 참 자기 상실의 결과를 우리 한국인의 영적 분열 상태 혹은 깊은 영적 상처를 나타내는 부정적인 면의 '한'(Han)과 연결시킨 점입니다. 즉 우리 인간의 깊은 영혼의 '아픔' 을 나타내는 '한' 혹은 '한 맺힘' 은 바로 우리 인간의 참 자기인 '하나님 형상' 의 상실의 결과로 본 점입니다.

그러면 우리 인간이 상실한 참 자기인 '하나님 형상' 을 어떻게 회복할 수 있는가? 권오균 박사가 이 책에서 제시하는 우리 인간의 '하나님 형상' 회복의 방법은 바로 우리 인간의 원형이며, 또한 "하나님 형상"의 원형인 예수 그리스도를 통해서 입니다. 예수 그리스도는 바로 우리 인간의 참 모습, 즉 하나님의 인간 창조의 목적을 온전히 지닌 우리 인간의 근원적 형태, 곧 원천적 원형(Original Prototype)을 나타냅니다. 따라서 우리 인간의 파괴되고 상실된 '하나님의 형상' 을 회복하는 길은 바로 우리 인간의 창조주이신 하나님께 다가가서 그 분과의 깊고 친밀한 관계 속에, 하나님의 우리 인간 창조의 목적을 바로 깨달음과 동시에, 진리의 영인 성령의 도움을 힘입어서 우리 인간의 원형인 예수 그리스도를 온전히 본받고 그와 연합하고 그의 영을 소유하고 그의 형상을 이룸으로써 가능해 짐을 말해 줍니다.

우리 인간이 상실한 하나님의 형상을 온전히 회복하여 참 자기를 찾게 될 때, 어떠한 결과가 초래되는가? 여기에 대해서 저자 권오균 박사는 우리 인간이 그리스도를 통하여, 상실한 하나님의 형상을 회복하여 참 자기를 찾게 될 때, 하나님의 영광의 찬송을 부르며, 진정한 의미의 자유와 기쁨과 행복을 맛보게 됨을 알려줍니다. 이것이 바로 우리 인간의 정신 및 영적 상처들이 치유변화 받는 궁극적인 길이며, 또한 구원의 기쁨을 향유하는 길이 됨을 보여 주고 있습니다.

이 훌륭한 책은 우리의 영혼 및 전인격적 치유 변화를 통해, 우리로, 본래의 당신과 나인 '하나님 형상인 참 자기'로 드러나 영광스러운 하나님의 자녀들로 승리하며 살아가게 도와줍니다.

류기종(Kee Ryu, Ph.D.)
전 미주감리교신학대학 총장
현 평화영성신학 연구원 및 예수영성아카데미 원장

머리말

빅토르 위고의 『레 미제라블』의 주인공 장발장은, '나는 누구인가? 간절히 알고 싶구나' 라고 절규한다. 현대인의 질병은 자기를 잃고도 잃은 것을 모르는 것이다. 많은 사람들이 자기의 독특한 빛을 잃고 어둠 속에 갇혀 있다. 정금같은 본래의 자기가 변하여 깨어진 질그릇 같은 거짓 자기가 되었다. 진정한 자기가 되지 못할 때 노이로제에 걸린다.

상담에서 본 모든 부적응, 불만들, 배우자와 가족과의 문제들, 괴상한 행동이나 불안정한 정서들의 밑바닥에는 참 자기를 잃은 좌절감이 감돈다. 많은 영혼들이 죄악과 어두운 세력의 포로로 사로잡혀 있다. 그리스도인들도 괴로워하며, 하나님의 영광스런 자녀로 나타나기를 고대한다.

참 자기의 살아 있는 원형인 예수 그리스도를 통하여 우리가 모든 갇힘과 파멸에서 자유하며 하나님의 형상을 이루는 하나님의 자녀로 나타나게 된다. 죄악과 죽음의 어두운 세력에 갇혀 있던 자가 우리 생명인 그리스도 안에서 하나님의 자녀의 영광의 자유에 이를 것이다. 깊은 상실과 상처로 한 맺혀 울던 사람도, 성령 안에서 그 상한 영혼이 치유를 받고 외양간에서 나온 송아지 같이 기뻐 뛸 것이다.

본서는 제1장에서 참 자기 됨의 중요성을 말한다. 그리스도가 원천적 원형인 하나님의 형상의 참 자기로 드러날 때, 자유하고, 승리하며 하나님을 영화롭게 한다.

제2장, "너는 너가 아니야!"에서 자기 존재의 근원인 하나님과 하나님의 형상인 자기로부터 소외되어 가면과 나르시시즘과 한(恨) 속에 갇힌 채, 죽어가는 영혼들을 보게 된다. 우리속에 '본래의 나'인 하나님의 형상이 드러날 때, '진짜 나' 가 된다.

제3장, '하나님 형상인 참 자기' 에서 인간 본래의 자기는 하나님 형상이다. 죄악 가운데 존재의 근원인 하나님과 단절된 자아가 자기 인생의 공허에서 헤어나와 하나님의 얼굴을 뵐 때, 하나님의 형상인 참 자기로 거듭난다. 하나님을 사랑하며 순종할 때 우리는 더욱 그의 형상을 닮게 된다.

제4장, '예수 그리스도는 참 자기의 살아 있는 원형' 으로, 그리스도를 닮을수록 '나' 는 더욱 '진짜 나' 가 된다. 내가 사나 내가 아닌 그리스도가 내안에 살 때 그리스도가 원래의 형상이요 원천인 참 자기로 나타난다. 그리스도께서 우리로 그와 동일한 형상을 이루어 가는 하나님의 자녀가 되게 하여 주신다.

제5장, '갇히게 하는 한의 태고 유형(Archetype)과 자유하게 하는 그리스도 원형(Prototype)' 에서 죄악과 죽음을 이긴 참 자기의 산 원형인 그리스도는, 한의 태고 유형(太古類型)을 무효화하고, 치유변화 시킴으로, 우리속의 하나님의 형상인 참 자기가 자유하게 된다. 참 자기의 살아 있는 원형인 그리스도는 우리를 소외시키고 파괴시키려는 모든 것에서 우리를 자유하게 하며, 온전하게 한다.

제6장, '하나님의 사랑과 실제(Reality)인 나' 는 성령으로 하나님의 사랑과 진리를 깨달으며, 모든 허상과 오류에서 벗어나 하나님의 형상인 진짜 자기로 나타난다.

제7장, '하나님의 기쁨인 나' 에서, 참 자기는 주 안에서 항상 기뻐하며 영원토록 하나님을 영화롭게 한다.

필자는 본서를 성경에 근거한 유효한 심리학과 타당한 신학을 통합하여 저술하였다. '예수 그리스도' 라고 부를 때, 예수는 인성 곧 심리학을, 그리스도는 신성 곧 신학을 나타낸다. 신학 없는 심리학은 인간을 하나님의 형상으로 회복시키는데 역부족이고, 심리학 없는 신학은 상처 입은 많은 사람들의 문제를 외면한 채, 영혼의 온전한 치유를 가져오는데 어려움이 있다. 본서는 하나님의 자녀들이 그의 형상을 이루어 천국을 확장하며, 하나님을 영화롭게 하는 삶을 사는 데 도움을 주고자 하였다.

이 책은 주님의 돕는 은혜 가운데 쓰여졌다. 이 책이 나오기까지 도움을 준 여러분들께 감사를 올려드린다. 마지막으로, 내 아내 윤옥영과 어머님, 동생 난희와 사랑하는 세 딸들 조이스, 유니스 그리고 엔젤라에게 고마움을 전한다.

차례

제1장
참 자기의 중요성

1. 참 자기 됨의 중요성

"라이온 킹"에 근거를 둔 다음의 이야기가 있다. 새끼를 낳은 어미 호랑이가 죽자 어미를 잃은 아기 호랑이는 염소 떼와 함께 살게 되었다. 어린 호랑이는 아주 행복해서 염소같은 소리를 내고 풀과 덤불을 먹었다. 하루는 한 위대하고 큰 호랑이가 나타나서 아기 호랑이가 염소같이 행동하는 것을 보고 쇼크를 받았다. 그 큰 호랑이는 염소 떼 가운데로 뛰어들어 아기 호랑이의 목덜미를 잡아채고 잔잔한 호숫가로 데리고 갔다. 큰 호랑이는 작은 호랑이에게 호수를 들여다 보게 하였다. 그 작은 호랑이는 생전 처음 자기의 진짜 모습을 보았다. 큰 호랑이는 작은 호랑이에게 말하기를, "너는 나처럼 생겼다. 이제 나와 같이 되라"고 말했다. 그리고 큰 호랑이는 자신이 조금 전에 사슴을 잡아 죽인 동굴로 작은 호랑이를 데리고 갔다. 큰 호랑이는 아기 호랑이에게 사슴을 먹으라고 했으나 아기 호랑이는 생소한 음식이 목에 걸려 질식할 것만 같았다. 그러나 작은 호랑이는 큰 호랑이가 너무 무서워서 다시 사슴을 물어 뜯었다. 그런데 작은 호랑이는 이번에는 갑자기 사슴고기가 맛있어 흥분하며, 그의 코 끝에서부터 꼬리 끝까지 포효(roar) 하였다. 왜냐하면 그는 자신이 호랑이인 것을 알았기 때문이다.[1]

사람은 진정한 자기가 될 때 기쁨이 넘친다.[2] 우울증과 노이로제는 자기 상실의 표적이다. 자기(Self)라는 단어의 어원은 앵글로—색슨(Anglo-Saxon)말의 '동일(Same)'이다. 사람은 본래의 자기인 하나님의 형상과 동일한 형상을 이루어 갈 때, 별처럼 빛난다.

석가가 어느 날 제자들과 함께 길을 떠났을 때, 마침 유녀들을 찾으러 나선 한 무리의 젊은이들을 만났다. 그래서 석가는 "그대들은 여자를 찾는 것과 자신을 찾는 것 중에서 어느 쪽이 더 소중하다고 생각하는가?" 라고 물었다. 젊은이들은 그때 정신이 번쩍 들어, "그것은 자신을 찾는 것입니다."라고 했다.

어느 날 위령공이 공자를 만났다. 그리고 공자에게 이사를 하면서 자기 아내를 잊어버리고 간 바보가 있어서 온 장안에 화제가 되고 있다고 알려 주었다. 그러자 공자는 다음과 같이 말했다. "위령공, 세상에는 그보다 더한 바보가 많네. 아내보다 더 가까운데 있는 자기 자신을 잊어버리고 사는 사람도 있네."

많은 사람들이 '참 자기'를 잊거나 잃어버리고 자기 아닌 다른 사람이 되려고 한다. 그러나 하나님이 지으시고 의도하신 그대로의 사람, 생긴 그대로의 자기가 가장 아름답다. 들의 꽃도 산의 나무도 저마다 남이 되려 하지 않고, 하나님 지으신 그대로, 찬란히 하나님의 영광을 드러낸다.

---

1. Charles Ryerson, "An Immanent Transcendence", Tape #5821 (Princeton Theological Seminary: March 23, 1995).
2. 본서에서 영어 ego는 자아로, self는 자기 또는 자아로 쓰기로 한다. 성경적으로 ego는 겉사람, Self는 하나님의 형상인 속사람과 관련된다. Self를 참 자기, 또는 참 자아로 표현하기로 한다.

예수님은 창조된 그대로의 자기로 자라나는 꽃을 보면서, “솔로몬의 모든 영광으로도 입은 것이 이 꽃 하나만 같지 못하였느니라”라고 말씀하셨다(마 6:29). 이러한 아름다운 자연에 영감을 받은 홍순관은 “나처럼 사는 건 나밖에 없지”라는 시에서 다음과 같이 노래했다.

들의 꽃이 산의 나무가 가르쳐 줬어요
그 흔한 꽃과 나무가 가르쳐 줬어요
나처럼 사는 건 나밖에 없다고
강아지 풀도 흔들리고 있어요 바람에

저 긴 강이 넓은 바다가 가르쳐 줬어요
세월의 강이 침묵의 바다가 가르쳐 줬어요
나처럼 사는 건 나밖에 없다고
강아지 풀도 흔들리고 있어요 바람에

너는 너이어야 하고 나는 나이어야 좋다. ‘하나님의 형상인 나’는 하나님의 형상을 드러내는 독특한 실체로 살 때 아름답게 빛난다. 산은 산대로, 강은 강대로, 꽃은 꽃대로, 화초는 화초대로 저마다 자기의 빛깔을 선명하게 나타내며 노래한다. 하물며, 하나님의 자녀가 자기 본질을 잃었다면, 이는 영적으로 거세당한 자 같고, 한 송이 꽃 앞에서도 부끄러운 일이다.

대개 인간이 무기력하고, 수치와 죄책감에 갇힌 채 거짓 자기로 사는 것은, 하나님 형상인 본래의 자기로부터 소외되었기 때문이다. 자기 존재의 근원과 단절되었기 때문이다. 그러므로 하나님이 최초

그림 Ⅰ-1 〈우리는 어디서 오는가? 우리는 무엇인가? 우리는 어디로 가는가?〉
폴 고갱, 1897; Boston, Museum of Fine Arts

로 인류에게 하신 질문은 "네가 어디에 있느냐?"(창 3:9)이다. 이는 어떻게 하다가 정금같은 하나님의 형상인 본래의 자기를 잃고, 질그릇 같은 거짓 자기가 되었느냐는 하나님의 울먹이는 부르짖음이다(애 4:2).

예수께서 하나님의 복음을 전파하실 때 처음 외치신 말씀도, "하나님 나라가 가까이 왔다. 회개하여라"이다(막 1:15). 회개란 마음이나 모습의 변화를 의미하는 것일 뿐 아니라 죽은 행실에서 돌이켜 생명으로 나아오며 하나님의 영과 연합하여 그의 형상을 이루어 가는 것이다.

불행히도, 우리 속에 죄악과 한으로 깨어진 영혼 사이로 하나님

의 형상인 자기가 그 빛깔을 잃어가기 시작했다. 이 인간 사회의 정글에서 자기의 본질을 잃고는 살아가는 맛이 없다.

염세사상 철학자인 쇼펜하우어(Arthur Schopenhauer)가 하루는 프랑크푸르트의 한 공원 안에서 다소 초라하며 흐트러진 복장으로 앉아 있었다. 공원 관리인이 그를 뜨내기인줄 오해하고 퉁명스럽게 물었다. "당신은 누구요?" 이 질문에 그는 씁쓸히 대답하기를, "나도 나 자신이 누구인지 알았으면 정말 좋겠오"라고 말하였다.

삶에 적응하지 못하고, 불만 가운데 배우자나 이웃과 불화를 일으키며, 괴상한 행동을 하는 불안정한 정서의 밑바닥에는 참 자기가 확립되지 않은 데서 오는, 거짓 자기의 독가시가 솟아나고 있다.

두 마리의 고슴도치가 춥고 외로워서 서로 가까이 하며 사랑을 하게 된다. 그러나 상대방을 가까이하면 할수록, 자신들의 몸에 돋힌 뾰족한 가시가 상대방의 몸을 찔러 피를 흘리게 한다. 죄악 속에 깨어진 영혼 사이로 돋아나는 독가시는 자신도 해하고 주위 사람도 찌르게 된다. 그리스도도 이러한 자들에게서 찔림을 당하셨다.

참 자기를 잃고 분노하는 자는 설 곳을 잃고 타인을 원망한다. 열등감과 공허 속에 타인을 찔러 관심을 끌려 하며, 누군가에 속하려고 한다. 만성적인 우울과 분노와 노이로제는 하나님의 형상인 본래의 자기를 잃은 결과이다.

하루라도 내가 온전하게 되었으면, 한시라도 하나님의 자녀로서의 영광의 자유를 누리며 살았으면 하는 것은, 개인의 열망뿐 아니라 전 인류의 울부짖음이기도 하다.

폴 고갱(Paul Gauguin)은 1897년 12월 병들고 괴로워 비참한 삶을 마치려고 자살하기로 결심하였다. 그는 죽기 전에 마지막 유언이라 할 수 있는 심오한 그림을 전력을 다해 그렸는데 이것이 그가 영적인 유언이라 부른 '우리는 어디서 오는가? 우리는 무엇인가? 우리는 어디로 가는가?' 라는 자기를 탐색하는 그림이다. 다음 '그림 I-1' 을 참조 바란다.

살충제 복용의 자살 시도에 실패한 그는, 나중에 편지에서 다음과 같이 자신의 그림을 설명했다.

"오른편 아래에 한 잠자는 아이와 세 명의 여인이 앉아 있다. 자주빛 옷을 입은 두 인물이 그들의 생각을 서로에게 털어 놓는다. 그 시각을 의도적으로 침해하는 몸을 웅크린 큰 풍채의 사람이 팔을 공중으로 올려 그들의 운명을 생각하려 하는 이들 두 사람을 놀라움으로 바라 본다. 그림 중앙의 인물은 과일을 따고 있다. 한 아이

옆에는 고양이 두 마리, 한 마리의 흰 염소가 있다. 팔을 신비하고 리듬 있게 올린, 한 신상(神像)은 내세를 암시하는 듯 보인다. 몸을 웅크린 소녀는 그 신상에 귀를 기울인 듯하다. 마지막으로, 죽음에 가까워진 노파가 스스로 단념하고 그녀의 생각들에 자신을 내맡겼다. 그녀는 그 이야기를 완결한다. 그녀의 발치에는 이상한 흰 새가 발톱으로 도마뱀을 잡고 있는데 이는 말들의 쓸데없음을 나타낸다."[3]

폴 고갱이 스스로 복음에 필적한다고 말한 이 그림은, 하나님과 연결되어 있는 자기에 대한 탐구이다.

고갱은 십자가에 못 박힌 황색의 그리스도 앞과 자기 얼굴의 이미지대로 만든 토기 항아리 앞에 서 있는 자신의 모습을 그렸는데 이 그림은 그가 죽는 순간에도 그의 식탁 위에 걸려있었다. 세 그림이 연속되어 있는 이 그림에서 그는 아무 꾸밈 없이, 말없는 원한의 표정으로 우리를 향해 있다. 두 개의 다른 이미지들은, 그 자신의 초상이다. – 십자가 위에 못박힌 황색의 그리스도의 팔이 고갱의 머리 위를 보호하듯이 뻗쳐 있다. 고갱은 희생당한 신인(神人)이신 예수 그리스도 안에서 그리스도와 동일한 형상인 참 자기를 찾았다. 오른편의 항아리는 그리스도 안에서 구속받고 치유되고 변화되어야 할 야만적이며 격노한 기형아 같은 옛 자기의 그림자이다. 다음 '그림 I-2' 를 참고하기 바란다.[4]

하나님의 형상인 자기는 항상 기뻐하나 자기 영혼을 잃고서는 절망하게 된다.

최근에 조지 바나(George Barna)는 미국에 사는 사람들을 대상으

---

3. Robert Goldwater, *Gauguin*, (New York: Harry N. Abrams, 1983), p. 110.
4. Franoise Cachin, *Gauguin*, (Paris: Flammarion, 2003), p.107.

그림 I-2 〈황색의 그리스도와 함께 한 자화상〉(Self-Portrait with Yellow Christ), 폴 고갱, 1890-91. Paris, Musee d'Orsay.

로 '당신은 누구십니까?' 라는 설문 조사를 하였다. 그 결과, 첫째로 많은 대답은 자신을 개인(Individual)이라고 하였고, 둘째는 남편이나 아내로서의 가족의 한 사람, 셋째는 국적을 가지고 자신을 나타내었고, 네 번째는 물건을 소비하고 소유하는 것에서 자기를 찾았다. 명품에서 자신의 가치를 찾고자 하는 사람도 많다. 한 독일인은 다른 차가 자기 차에 부딪치자, 자기 차와 자신을 동일시 한 나머지, "저 차가 나를 쳤다"라며 흥분했다고 한다. 다섯 번째는 직업으로 자신의 정체성을 대신하였으며, 마지막 여섯 번째가 그리스도를 따르는 사람이라고 대답하였다.

현대인들의 심각한 질병은 자기 영혼을 잃은 것이요, 자기가 되지 못하고 사는 것이다. 사람이 본래의 자기가 되지 못할 때 어둠의 혼과 주위 상황이 그 사람의 영혼을 삼키게 된다. 오류가 진리인 양, 최면에 걸려 평생 깨어나지 못하게 된다.

이러한 거짓 자기(pseudo self)에게서 참 자기를 찾아 볼 수 없다. 영적 인간이라 보이지 않는 것도 아니요, 소설 속의 투명 인간이라 볼 수 없는 것도 아니다. 피와 살과 뼈, 그리고 몸도 있지만, 보이지 않는다. 이는 원래의 자기 빛깔을 잃고 살기 때문에 보이지 않는다. 알맹이 없이 텅 비어 있어 보이지 않는다. 또 자신의 본질을 무시당하고 살기 때문에 다른 사람들이 이 사람을 결코 볼 수 없다.

윌리암 스태포드(William Stafford)는 그의 시, '서로를 읽는 예식'에서 다음과 같이 노래한다:

> 만일 당신이 나의 본질을 모른다면
> 그리고 내가 당신이 어떤 사람인지 모른다면
> 다른 이가 만든 방식이 우세한 세상에서

잘못된 신을 졸졸 쫓아가다가

우리는 우리의 별을 놓칠지도 모릅니다.[5]

《워싱턴 포스트지》는 요즘 가짜 학위로 몸살을 앓고 있는 한국 사회를 보고, 대학 졸업장이 인간의 가치를 결정하는 한국이라고 평했다. 많은 이들이 정금같은 본래의 자기를 잃고 빛을 잃고 산다. 수많은 이들이 잘못된 신을 쫓아가며 자신들의 별을 놓치고 산다. 현대인들의 거짓 자기는 물질과 학벌, 인종과 성별 그리고 성취와 소유에서 자기정체감을 찾는 바, 비본질이 본질을 대신한다. 이때, "가치에 대한 조건들은 유한하고 상대적인 것을 절대화 한다. 절대화 된 값은 사람의 가치와 존재할 권리를 확인하는 데 사용되는 어떤 표준이 된다."[6] 궁극적이고 영원한 것을 상대적인 것으로 대치하여 섬기는 자는 괴로움이 더할 뿐이다.

데이비드 옥스버그가 지적하듯이, 현대인들은 자기가 어디에 속해 있는지 모르는 집이 없는 사람들이고, 자기 중심을 잃어버린 조각난 사람들이며, 친구가 나와 무슨 상관이냐는 자기애적인 사람들이다. 내 가치는 내가 선택하는 것이라는 차별적인 사람들이고, 나는 내 컴퓨터의 연장이라고 하는 감정이 없는 사람들이며, 내가 내 삶을 계획하여 나의 계획을 성취할 것이라는 전략적인 사람들이고, 인간의 존재와 가치에 무감각하고 진정한 선택을 할 수 없는 닫힌

---

5. William Stafford, Edited by Robert Bly, *The Darkness Around Us Is Deep*, (NY: Harper Collins, 1993), p. 135. (If you don' t know the kind of person I am
and I don' t know the kind of person you are
a pattern that others made may prevail in the
world, and following the wrong god home we may miss our star).
6. David W. Augsburger' s Lecture notes, Fall 1996, *Adapted from Don Browning, Atonement and Psychotherapy*, pp.107-8.
7. David Augsburger, "Pastoral Care in the Age of Autonomy", Tape#1894(1991), Fuller Theological Seminary, 135N. Oakland Ave., Pasadena, CA 91182.

마음의 사람들이다.[7]

예수 그리스도는 이러한 세상을 향하여 “사람이 만일 온 천하를 얻고도 자기 목숨(참 자기)을 잃으면, 무엇이 유익하리요”(막 8:36, AB)라고 하시며, “그 자아를 다시 사기 위해 그가 무엇을 줄 수 있으리요”라고 반문하셨다. 어떤 성취나 성직보다도, 어떤 명예보다도, 하나님의 형상의 본래의 자기가 되는 것이 가장 중요하다.

아무리 상처 입은 영혼이라도, 자신이 하나님으로부터 나온, 하나님의 형상이요 그와 연결되어 있음을 체험할 때, 마음과 태도가 변한다. 자기 자신을 배척하던 사람도, 사랑하는 하나님의 형상대로 지어진 참 자기를 찾을 때, 머리끝부터 발끝까지 할렐루야 찬송이 된다.

불행히도 인류는 본래의 자기를 잃고 고통 가운데 신음해 왔다. 참 자기와 하나님으로부터 소외되어 온 사람들은 창조 이래 자신들이 “하나님의 아들”(행 17:29)임을 말하며, 하나님의 자녀들로 나타나기를 갈망해 왔다. 그리고 “썩어짐의 종 노릇 한 데서 해방되어 하나님의 자녀들의 영광의 자유에 이르는 것”을 꿈꾸어 왔다(롬 8:19, 21).

이와 같은 바람은 한국 민족이 신의 아들의 나타남에 의해 출생되었다는 단군 신화에서도 찾아볼 수 있다.

하느님인 환인의 아들 환웅이 짐승의 삶을 청산한 여인과 결혼하여 하느님의 아들을 낳았는데 그가 한국 민족의 시조인 단군 왕검이고 한국인은 자신들을 단군의 후예라고 한다. 하늘의 환웅과 땅에 속한 웅녀의 결합에서 신의 아들이 탄생했다는 것은,[8] 흙에서 취함 받아 하나님의 형상대로 창조된 인간이 하나님의 자녀들로 나타나기를 바라는 깊은 열망을 말해 주기도 한다.

이러한 우리에게 하나님은 양자의 영을 주셔서 “아바 아버지”라

부르짖게 하셨으며, “성령이 친히 우리의 영과 더불어 우리가 하나님의 자녀인 것을 증언”하신다(롬 8:15-16). 그리스도는 양자의 영을 받은 우리가 그와 동일한 형상을 이루는 하나님의 자녀들이 되게 도와준다. 하나님 아버지의 형상을 닮은 하나님의 자녀로 나타나게 하신다.

이레네우스(Irenaeus, 136-202)는 강조하기를, ‘말씀이,’ 곧 그리스도께서 “그의 한없는 사랑으로 우리와 같은 인간이 되신 것은 우리 인간을 자기 자신과 같은 존재로 만들기 위함이다”라고 하였다.

요한 웨슬리는 그의 책 『그리스도인의 완전』에서 기록하기를, “하나님의 이 위대한 선물, 우리 영혼의 구원은 하나님의 형상이 우리 마음에 새롭게 새겨짐으로 그 본질을 나타내는 것 외에 다른 것이 아니다”라고 하였다.[9] 우리로 ‘신의 성품에 참예하는 자’가 되게 하신 하나님은 “전부터 아셨던 사람들을 그분의 아들과 동일한 형상을 갖도록 미리 정하시고…”(롬 8:29, 쉬운성경) 친히 이루어 주신다.

우리가 하나님의 아들과 동일한 형상을 가진 그의 자녀로 나타

---

8. *삼국유사* 1권 기이(紀異),고조선(古朝鮮) 고기 (古記). 옛날에 환인(桓因) (하나님을 이름)의 서자(庶子) 환웅(桓雄)이 항상 천하에 뜻을 두고 인간 세상을 몹시 바랐다. 아버지는 아들의 뜻을 알고 삼위 태백(三危太白)을 내려다 보매 인간 세계를 널리 이롭게 할 만한지라, 이에 천부인(天符印) 세 개를 주어 내려가서 세상을 다스리게 하였다.
   환웅은 그 무리 3천 명을 거느리고 태백산(太白山) 꼭대기의 신단수(神檀樹) 아래에 내려와서 이곳을 신시(神市)라 불렀다. 이 분을 환웅천왕이라 한다. 그는 풍백(風伯) · 우사(雨師) · 운사(雲師)를 거느리고 곡식 · 수명(壽命) · 질병(疾病) · 형벌(刑罰) · 선악(善惡) 등을 주관하고, 인간의 삼백 예순 가지나 되는 일을 주관하여 인간 세계를 다스려 교화시켰다. 이때, 곰 한 마리와 범 한 마리가 같은 굴에서 살았는데, 늘 신웅(神雄, 곧 환웅)에게 사람되기를 빌었다. 때마침 신(神,환웅)이 신령한 쑥 한 심지와 마늘 스무 개를 주면서 말했다. “너희들이 이것을 먹고 백일 동안 햇빛을 보지 않는다면 곧 사람이 될 것이다.” 곰과 범은 이것을 받아서 먹었다. 곰은 몸을 삼간 지 21일(삼칠일) 만에 여자의 몸이 되었으나, 범은 능히 삼가지 못했으므로 사람이 되지 못했다. 웅녀(熊女)는 그와 혼인할 상대가 없었으므로 항상 단수 (壇樹) 아래에서 아이 배기를 축원했다. 환웅은 이에 임시로 변하여 그와 결혼해 주었더니, 그는 임신하여 아들을 낳았다. 이름을 단군 왕검이라 하였다.
9. John Wesley, *A Plain Account of Christian Perfection*, (Missouri: Beacon Hill Press of Kansas City, 1966), p. 28.

날 때, 우리의 맏형님 되시는 그리스도와 아버지 하나님은 기뻐하신다. 내가 미국에서 공부할 때였다. 교실에서 안경을 벗고 있는 나의 모습을 본 한 여학생이 나중에 말하기를, 안경 벗은 나의 얼굴이 나의 딸 조이스와 똑같다고 말해 주었다. 내 자식이 나를 닮았으니 기뻤다. 조나단 에드워드가 말했듯이 "하나님이 자신을 기뻐하시며 자신의 아름다움을 기뻐"하시듯, 자신을 닮은 우리를 보시고 우리 아버지 하나님은 기뻐하신다.

2. 참 자기와 거짓 자기

참배나무가 있는가 하면 돌배나무가 있고, 알곡이 있는가 하면 쭉정이가 있다. 자기도 참 자기가 있고 병든 거짓 자기가 있다. 참 자기는 하나님의 형상의 실제로, 우리의 영과 몸과 혼 전체의 핵심이다. 참 자기는 생명 되신 그리스도의 지체이나, 거짓 자기는 자기 존재의 근원과 단절되어 있다. 참 자기는, 실제(Reality)인 그리스도 안에서 기뻐하나, 거짓 자기는 '존재하지 않은 것을 얻으려 함으로써 자신이 아닌 상태로 되는 신경증' 에 빠져 있다.

거짓 자기는 속이 텅 비어 보이지 않으므로, 자기 보상 심리로 남에게 자기를 보이게 하고자 그 몸에 성취와 소유를 상징하는 훈장들을 부착하고, 자기 방어의 철갑 옷을 걸치고 있다. 그러나 참 자기는 자신의 근원과 영광인 하나님을 드러낸다. 참 자기는 존재 자체로 기뻐하지만, 거짓 자기는 자신이 가진 것과 할 수 있는 것, 그리고 다른 사람이 자신을 어떻게 생각하느냐에 그 가치를 둔다.

거짓 자기는 생명이 없는 로봇같이 타인에 의해 조종되나, 참 자기는 자율적이다. 거짓 자기는 타인에게 자신의 허물을 뒤집어 씌우고 원망하나 참 자기는 자신이 기꺼이 책임을 진다.

참 자기는 하나님을 떠나 자기 망상(self-obsession)에 빠지지도 않으며, 하나님 속에 흡수되어 하나님 망상(god-obsession)에 빠지지도 않는다. 하나님과 연합할수록, 우리는 하나님 안에 흡수되는 것이 아니라 오히려 개인의 유일한 특성이 고양되는 참 자기로 드러난다. 자기 망상에 빠지면 하나님을 보지 못하고, 하나님 망상에 빠지면, 자신을 하나님이라고 생각한다. 그리스 옛 도시, 델포이(Delphi)의 신전에 기록된 "너 자신을 알라"라는 말은, 너 자신이 신이 아님을 알라는 말이다. 하나님의 형상인 사람임을 알아야 한다.

아마도 독자들 중에는 크리스천은 자기를 부인해야 하는데 왜 자기를 찾으라고 하는지 의아해 할 수 있다. 이는 우리의 진정한 정체성은 자기 부인을 통해서만 발견되기 때문이다.

사도 바울은 힌두교에서 말하는 '무아'를 말하지 않고, 오히려, "성령이 친히 우리의 영(our spirit)과 더불어 우리가 하나님의 자녀인 것을 증언"한다고 기록한다(롬 8:16).

하나님의 이름은 '존재를 가져오는 분', '생명을 주시는 분' 절대적으로 변함없이 '존재하는 분'이란 뜻을 포함한 어원 (hayah- 'to be')에서 나왔다. 존재를 가져오는 분이 우리를 그의 형상인 생명체로 창조하였다.

하나님은 자신의 이름을 묻는 모세에게 '나는 스스로 있는 자'(I Am Who I Am), 곧 '나는 나다'라고 말씀하셨다. '나는 나'라고 하신, 하나님으로부터 나온 우리도, 그리스도 안에서 '나는 나'임을 확인하게 된다. 사람은 진정한 '나'일 때 만이, '나는 나'라고 하신 하나님을 올바로 만날 수 있다.

하나님의 아들 예수 그리스도는 '나는 ~이다' 라는 말씀으로, 당신 자신을 상징적으로 진술하시기도 하였다. 헬라어 '에고우 에이미' (egw eimi)는 '나는 누구다' 라는 강한 선언이다. "나는 생명의 떡이니"(요 6:35)라고 말씀하신 예수 그리스도는 친히 "나는 부활이요 생명이니"(요 11:25)이라 하시며 길과 진리되심을 선포해 주셨다. 그는 하나님의 아들이라 함을 인하여, 십자가 죽음을 당하셨지만(요 19:7), 자신을 결코 부인하지 않으셨다. 진정한 사역도 참된 자기를 찾을 때 가능하다. 하나님은 사역을 시작하려는 예수님을 향하여, "너는 내 사랑하는 아들이라 내가 너를 기뻐하노라"(막 1:11)고 확증해 주셨다. 하나님이 확증해 주실 때 더욱 힘이 솟는다. 진정한 자기를 잃지 않는 예수님 앞에서, 베드로는 "주는 그리스도시요 살아계신 하나님의 아들이시니이다"(마 16:16)라고 확증했다. 예수 그리스도는 자신이 하나님의 사랑하는 아들임을 아셨기에 어떠한 십자가의 고통까지도 참고 이길 수 있었다.

그리스도는 광야에서 거짓 자기가 되는 유혹을 받으셨을 때도 자신의 참 자기를 잃지 않으므로, 시험을 이기셨다. 사십 일을 금식한 후 주리신 후에 "네가 만일 하나님의 아들이어든"이라며, 사탄은 예수 그리스도의 정체성을 의심하게 하려고 유혹하였다. 초인간적인 일을 성취하여 자신을 증명하고, 우상을 섬김으로 영화를 얻는 가짜 자기 됨의 유혹을 하였다. 그러나 예수 그리스도는 하나님의 아들인 자기를 부인할 수 없었고, 또 사람의 인기나, 외부의 성취를 통하여 자신의 정체성을 확인할 필요성도 느끼지 않았다.

우리를 유혹하고 혼란하게 만드는 여러 가지 거짓 자기와 그 이미지들 중에서 본질적인 자기를 찾아야 산다. 죄악으로 오염된 옛 자기를 넘어서 하나님의 형상인 참 자기를 찾아야 산다. 자신이 자라온 성장 환경과 여러 상황 그리고 관계들, 신체적 특징들, 능력들 전체와 자기 안에 있는 여러 가지 자아들 중에서 그 핵심에 있는 하나님 형상의 참 자기를 찾을 때, 기쁨이 넘친다.

자기를 잃어버린 사람 중에 열등감과 우울증에 빠진 사람이 많다. 사람을 갇히게 하는 이러한 쇠사슬은 사단이 우리를 공격하는 무기가 된다. 성령은 우리를 온전하게 하지만, 사단은 우리를 파괴시키고자 안달이 났다.

데이비드 시몬즈에 의하면 "사단의 가장 무서운 심리적 무기는 열등감과 부적절함과 자신의 가치를 무시하는 마음속 감정들이다. 놀라운 영적 경험과 믿음과 하나님 말씀에 대한 지식이 있음에도 불구하고 이러한 감정들이 많은 그리스도인들을 속박하고 있다. 그들은 하나님의 아들과 딸들로서의 위치를 이해함에도 불구하고, 무서운 열등감에 의해서 꽁꽁 묶여져 있고 깊은 무가치 감의 쇠사슬에 묶여져 있다." 이러한 상처로 왜곡된 자존감은 개인의 "잠재력을 마비시키고 하나님을 위한 그의 사역을 파괴한다."[10]

열등감의 희생자 중에 어떤 이는 자기 몸의 한 부분을 미워하여 그곳에 병이 나기도 한다. 일리노이주에 사는 한 한인 중학생은 동양인들을 보기 어려운 곳에서 학교를 다니고 있었다. 어느 날 학교 소풍을 다녀온 뒤, 그는 자신의 피부색이 친구들과는 다르다는 것에 충격을 받았다. 그는 가게에 가서 표백제를 사서 자기 방에 들어가 문을 잠그고 온몸에 발랐다. 다음날 학교에 갔을 때, 그의 피부는 구렁이 껍질같이 변했고 학교장은 그를 정신병원에 보냈다.

왜곡된 자기 이미지로 인하여 열등감의 사슬에 매여 사는 사람

10. David A. Seamands, *Healing for Damaged Emotions* (U.S.A.: Victor Books, 1981), p.49, p.63.

도 그리스도와 동일한 형상을 이루는 참 자기로 거듭날 때, 자유하며 하나님의 영광을 드러낸다. 어떤 목사님은 어릴 때 키가 작아서 심한 열등감을 느꼈다. 그런데 그가 하나님 형상인 참 자기를 찾았을 때, 약함 중에 오히려 온전하게 되었고, 하나님의 영광의 찬양을 부르게 되었다.

내가 아는 학생 중에 잘 생기고 건장한 장년의 신사는 어릴 때 마마를 앓아 얼굴이 많이 얽었는데 이것이 그를 일생 동안 열등감에 갇히게 하였다고 했다. 많은 이들이 자기 신세를 한탄하거나 몸과 마음의 열등감에 갇힌 채, 자신과 하나님과 이웃으로부터 소외되어 살아간다. 그러나 그리스도와 동일한 형상을 이루어 갈 때, 참 자기를 찾아 모든 갇힘에서 자유하고, 슬픔은 기쁨으로, 한은 영광으로 변한다.

펜실바니아의 한 작은 마을에 조그마한 농장을 가진 가난한 농부가 있었다. 그는 너무 가난하여 거의 굶어 죽게 되자 서부에 있는 레이건 지사에게 의지하여 살려고 자신의 농장을 친구에게 팔았다. 농장을 산 친구는 돼지를 그 농장에서 사육하기로 결정하고 돼지들을 키우면서 돼지들이 농장 뒤쪽의 개울에서 물을 마시게 했다. 그런데 한쪽 물 위에는 검정색의 기름끼 있는 것들이 떠올라, 그는 판자를 한쪽 물에 세워서 기름기 적은 물을 돼지들에게 마시게 하였다. 어느 날 콘웰 박사는 친구를 초대하여 자신의 농장 뒤의 조그마한 개울물을 구경시켜 주었다. 그런데 그 친구가 보니 물 밑 흙에서 오일이 스며 나오고 있었다. 그는 그 농장이 오일 지대임을 알았고 농장을 산 그 친구에게 만일 이 땅을 오일 회사에 빌려 주면 수백만 장자가 될 것이라고 말했다. 그는 정말 그 말대로 수 백만 장자가 되었다. 그는 단지 자기가 가진 것을 발견하고 사용하였기 때문이다.

우리는 누구나 천부의 성품과 재능과 능력과 장점과 특질을 다 가지고 있다. 하나님이 부여한 이러한 특질들을 하나님과 천국을 위해 사용할 때, 누구나 하나님을 크게 영화롭게 한다.

내가 켄터키에 있는 애즈베리 신학교에 다닐 때의 일이다. 어느 여름 방학에 시카고에 있는 아이삭 목사님으로부터 한 2주 동안 설교를 부탁 받고 댁을 방문하게 되었다. 목사님 댁에는 당시 25세 된 아들이 있었는데 그는 정신적 장애와 기형의 몸으로 스스로를 돌보지 못하고 살았다. 그런데 놀라운 것은 그가 입만 벙긋하면 주님을 찬양하는 것이었다. 그의 이 기뻐하며 찬양하는 모습은 세상 누구도 따라 갈 수 없는 것이라는 생각이 들었다. 이 땅에서 본의 아니게 질병으로 사고로 고생한다 하더라도, 하나님의 형상대로 지어진 참 자기로 살 때 누구나 아름답다.

참 자기는 자기의 원천인 그리스도를 드러내며, 복의 근원으로 살아가지만 거짓 자기는 자기 영혼을 잃고 외부의 복을 좇아 다닌다.

현대인들의 영성에 깊은 영향을 주고 있는 스캇 팩(Scott Pack)은 그의 부모가 원하던 명망 있는 학교에 입학한 후 그 학교가 자기 적성에 맞지 않음을 느꼈다. 졸업 후 사회적인 보장이 되는 그 학교에서 3학기를 마친 후 중퇴하고, 불안정한 가운데 자신에게 주어진 길을 가기로 한다. 이는 그가 어릴 때부터 부모님으로부터 수없이 받아 온 다음과 같은 메시지에서 힘을 얻었기 때문이다, "너는 아름답고 사랑스러운 개인이야. 너 자신이 되는 것은 좋은 일이야. 너가 너인 한에서는 우리는 너가 무엇을 하든지 사랑할 거야."

스캇은 "자기 사랑에, 어릴 때 받아 온 이러한 부모의 사랑이 반영되지 않았다면, 자신의 바탕이 되는 독특함을 희생시켰을 것이고, 자기 자신이 진정 원했던 것을 따르지 못했을 것이다"라고 하였다.[11]

순금은 불 속에서도 순금이듯이 참 자기는 그 자아의 핵심이 외부의 결정적 영향이나 극단적인 상태들 아래에서도 변하지 않는다.

프랑스의 왕자 루이스 17세는 프랑스 역사에 왕자로 기록되어 있으나 혁명군에 의해 왕자의 자리를 박탈당하고 감옥생활을 하였다. 그는 심한 고문을 당하며 하지 못할 말들까지도 하도록 강요받고 인격적으로 박탈감까지 느꼈으나 그는 자신이 아닌 것이 될 수 없었다. 자신에게 진실하였던 그는 거짓과 어둠의 세력에 굴하지 않고, "나는 그런 것을 말할 수 없어요, 나는 왕자로 태어났기 때문이에요"라고 외치며 참 자기를 잃지 않았기에 악에 대항하여 승리하였다.

마크 트웨인의 책, 『왕자와 거지』에서 웨일스의 왕자 에드워드는 거지 탐으로 역할이 바뀐 채, 모두가 자기를 거지로 대하고, 목숨을 잃을 뻔한 위태한 일들도 겪었지만 그는 왕자로 태어난 자기를 결코 잃지 않고 결국 승리하였다.

신데렐라는 계모와 언니들이 퍼붓는 시기와 놀림 가운데 살았었지만, 마술에 의한 자기가 되지 아니하고 진정한 자기로 살았다. 그녀의 참 자기는 고난의 용광로 속에서도 살아 남을 수 있었고 왕자를 만나 결혼할 수 있었다.

참 자기는 홀로 있을 수 있는 능력이 있으나, 거짓 자기는 누군가에게, 무엇인가에게 정서적으로 의지하여야 생존할 수 있다. 거짓 자기는 "나는 당신이 없으면 완전하지 않아요. 당신이 필요하기 때문에, 당신을 사랑합니다"라고 하지만 참 자기는, "나는 당신을 사랑하기 때문에, 당신을 필요로 합니다"라고 말한다. 거짓 자기는 "당신 없이는 못살아"라고 상대방의 목을 잡고 애원하며 싫증나게

11. 스캇 팩, *The Road less Traveled*, p.139.

만드나, 참 자기는 이러한 거짓 자기의 사람을 향하여 "나 없이도 당신은 잘 살 수 있어"라고 말해 주어 상대방의 견고한 자기(solid self)를 찾게 해 준다. 그리고 참 자기와 참 자기의 만남 속에서 깊은 사랑을 한다. 참 자기는 상대로부터 버려짐을 당할까 봐 융합하거나, 삼킴을 당할까 봐 도주하는 일이 없이 자유롭다.

참 자기는, 젖 뗀 아이가 그 어머니 품에서 만족함 같이 하나님 안에서 기뻐하며, 비천에 처해서나 풍부에 처해서도 자신을 잃지 않는다.

존 뉴턴(John Newton)은 다음과 같은 말을 했다. "두 천사가 하늘로부터 신성한 명령, 즉 한 천사는 제국을 통치하고 또 다른 천사는 그 나라 안의 길거리를 쓸라는 명령을 수행하러 보내졌다면, 그들은 조금도 그들의 직무를 바꾸고 싶어하지 않을 것이다."

거짓 자기는 외적 성취와 소유 그리고 타인의 인정에서 자신의 가치를 찾지만, 참 자기는 자신이 나온 하나님 안에서 기뻐하며, 자유롭게 세속을 초탈한다.

스위스의 저명한 의사였던 폴 뚜르니에는 어릴 때 부모를 여의고 자라면서 많은 상처를 받았고 감정이 얼어붙은 거짓 자기로 살았다. 그는 참 자기를 찾아가는 과정을 다음과 같이 술회하였다.

"자유롭다는 것은 다시 한 번 자기 자신이 되는 것이며, 생물학적인 반사 작용의 자아가 되는 것이 아니라 인간의 자아가 되는 것이다. 이 같은 자유의 순간들은 진실로 풍성한 결실을 맺는 순간들이다. 서른 다섯 살이 되어서야 내 아내와 많은 대화를 나누고는 내가 어릴 때 사망한 부모의 죽음에 대하여 눈물을 흘릴 수 있었다는 사실을 발견했던 것이 기억난다. 나라는 존재는 송두리째 흔들렸고

나는 나의 내면에서 아주 결정적인 변화가 일어나고 있음을 느꼈다. 나는 나 자신으로부터 해방되었고 나의 인물 됨(거짓 자기)으로부터 해방되었다. 또 나의 감정이 불러일으킨 장애물에 대한 무의식적인 보상 심리로부터 해방되었다."[12]

마르틴 루터는 성가대의 찬양 연습을 하던 중에 갑자기 "이것은 내가 아니야!"라고 부르짖으며 발작을 일으켰다. 거짓된 자아에 대한 생각에 성가를 하는 중에 까무러칠 정도로 "이것은 내가 아니야."라고 소리쳤다. 훗날, 종교 개혁을 하여 세계 역사를 바꾼 루터는 젊은 날에 정신질환처럼 시작되는 발달 초기의 정신 이상에 빠졌었다. 그러나 그가 그리스도와 동일한 형상인 참 자기를 찾았을 때, 그 증상에서 완전히 해방되었다.[13]

12. 폴 뚜르니에, *인간 의미의 심리학*, (서울: 보이스사, 1992), pp. 396-397.
13. James Loder, *The Transforming Moment*, (Colorado Springs: Helmer & Howard, Publisher, Inc., 199), 143, 166.

3. 참 자기가 된 만큼만 온전하다

롤로 메이(Rollo May, 1953)에 의하면, 결핵에 걸린 어떤 환자가 그 친구에게 다음과 같은 글을 썼다.

"병에 걸린 것은 내가 단순히 과도한 일을 했거나 결핵균에 휩쓸려 들어갔기 때문이 아니요, 내가 아닌 어떤 것이 되려고 노력했기 때문이다. 그 질병은 나의 잃어버린 자아의 기능을 재발견하게 하는 기회가 되었다. 나는 매우 외부지향적 사람인 양, 여기저기를 오가며 세 가지 일들을 동시에 하며, 정신없이 바쁘게 일하기에 앞서 내 영혼을 돌보아야 하는 많은 부분들을 개발하지도 않고 사용하지도 않았다."

그러므로 질병(dis-ease), 즉 편안하지 못한 삶의 상태는 다음과 같이 말한다: "너는 너의 온전한 자기가 되어야 한다. 너 자신이 되지 못한 만큼 너는 병에 걸릴 것이다. 너는 너 자신이 된 만큼만 온전해질 것이다." 사람은 하나님 안으로 돌아올 때만이 비로소 온전한 자기를 찾게 된다.

하버드대 교수였던 에릭 에릭슨(Erik Erikson)은 백인 학교에 다니는 인디언 청소년들을 대상으로 정체성을 연구했다. 백인도 아니면서 진짜 인디언의 삶도 살지 아니하고, 사냥을 주로 하는 자기 전통을 잃은 문화 속에 살았던 인디언 아이들은 심각한 정체성의 위기를 겪었다. 백인과 인디언 사이에서 자기를 잃은 이러한 사람 중에 알코올 중독자가 유독 많이 나왔다. 에릭슨은 결론지어 말하기를 자기 정체성을 찾으라고 했다. '하얀 인디언'은 존재할 수 없기에 '진짜 인디언'이 되라는 것이었다. 인간 사회 정글에서 참 자기를 잃고는 살아 있다는 느낌이 없다.

내가 아리조나에 있는 유마병원에서 채플린 인턴으로 근무하던 2000년 어느 날 저녁, 줄리라는 19세쯤 되어 보이는 파란눈의 금발을 한 미모의 아가씨가 자살을 시도하다가 응급실에 왔다. 그녀의 손목에는 세 개의 칼 자국이 나 있었다. 그녀의 아버지는 그녀가 어렸을 때 집을 떠났고, 자신도 가출해서 살았는데, 이제는 남자 친구마저 자기를 싫어해 떠났다는 것이다. 절망하며 소멸되어 가던 그녀는 진정한 자기를 발견하기도 전에 죽음의 문턱에까지 갔던 것이다.

그 일이 있은 몇 주 후, 중년의 하와라는 여성이 자살을 시도하여 응급실에 실려 왔다. 그녀는 자기는 쓸모 없고, 아무것도 아닌 하잘것없는 존재라고 하였다. 네 남매를 둔 그녀는 자신의 7살 난 딸과 함께 동반 자살을 하려고 하였다. 본 남편은 하와를 버렸고, 하와는 유부남을 만나 딸을 하나 더 낳았다. 응급치료를 마치고 대기실에 앉은 하와의 옆에는 그녀의 남동생이 앉아 있었다. 그는 내게 말하기를 그의 누나는 심한 열등감으로 고통을 받아 왔다고 하였다.

하와는 자신을 "추한 오리 새끼(ugly duckling)"라고 하였다. 고통에서 벗어나고자 그녀는 못 먹는 술을 한 병 사서 코를 잡고 들이킨 뒤, 칼로 그녀의 팔목 동맥을 자르려고 했었던 것이다.

내가 위의 두 여인에게 사랑으로 다가가서 하나님의 형상대로 지어진 본래의 자기를 찾도록 도와 주었을 때, 이들은 빠른 속도로 회복되었다. 그 후 하와는 그리스도와 동일한 형상을 이루어 가는 새 사람이 되어 열심히 살아갔다. 사고와 질병과 절망 가운데서도 참 자기를 찾을 때 살아난다.

어렸을 때 뜻하지 않은 사고로 시력을 잃었던 강영우 박사는 열등감, 패배감, 실패감 등으로 가득 차 살 소망마저 잃어버렸던 적이 있었다. 그러나 그는 역경도 축복으로 바꾸시는 사랑의 하나님 아버지 안에서 잃어버린 자기를 찾기 시작했다. 그는 "내가 비록 육신의 빛은 잃었고 가진 것은 없지만 하나님의 형상대로 지음 받은 존귀한 생명이라 생각하니 인간으로서 자부심과 자긍심이 느껴졌다"라고 하였다. 그가 절망을 넘어 하나님의 형상인 참 자기를 찾았을 때 그의 깊은 상처(scar)는 빛나는 별(star)로 변화되었다.

영화배우 슈퍼맨 크리스토퍼 리브(Christopher Reeve)는 어느 날 말을 타다가 떨어져 전신이 마비되었다. 그는 팔 다리도 움직일 수 없고 침도 삼킬 수 없으며 산소 호흡기를 착용하고 있는 비참한 자신의 불행을 한탄하며 죽으려고 했었다. 그런데 이러한 그를 보고 그의 아내 데이나는 "아직도 당신이에요"라고 말했다. 리브는 그 한 마디 말에 힘을 얻었고 '아직도 나'라는 진정한 자기를 확인하고는 자살의 유혹을 이겼다.

마틴 루터 킹은 말하기를, 하나님의 형상으로 지어진 모든 인간에게는 "그 인격 속에 지울 수 없는 창조주의 도장이 새겨져 있다"라고 말하며, "마음이 노예가 되어 있는 한, 육체는 결코 자유롭게 될 수 없다"라고 하였다. 그러므로 "자기 존중의 확실한 의식이라는 심리적 자유만이 육체의 노예 제도의 기나긴 밤에 맞서는 가장 강력한 무기이다"라고 말하였다. 그리고 자기 존재의 내면적 깊이에 도달하고, 하나님의 형상인 자기 확인의 말을 하도록 주장하였다. "나는 훌륭한 자이다. 나는 위엄과 명예를 가진 하나의 인간이다. 나는 풍성하고도 거룩한 역사 — 그 역사는 계속 고된 착취를 당했던 것이나 — 를 가지고 있다. 나는 검고 아름답다." 그는 인종차별을 당하고 있던 흑인들에게 이것이야 말로 절대의 힘이며 필요한 권력이라고 하였다.[14] 마틴 루터 킹은 고난 속에서도 참 자기가 될 때, 역경을 이기고 승리함을 알려 주었다.

제 2차 세계대전 당시 아우슈비츠 감옥에서, 나치 정부가 유대인들을 무차별 학살하는 것은 양심 있는 독일 장병들에 의하여 저항을 받게 되었다. 그러자 나치당은 포로들을 짐승같이 보이게 하는 심리전을 사용했다. 수용소에 화장실을 하나만 만들고 사용 시간도 제한했기 때문에 사람들은 자신의 밥그릇에 배변을 보기 시작했다. 목욕물도 세숫물도 주지 않았다. 사람들은 오래지 않아 더럽고 끔찍한 짐승같은 모습으로 전락하게 되었다. 독일 군인들의 눈에 그 유대인들은 인간 이하로 보였기에 양심에 별 거리낌없이 그들을 죽이게 되었다.

그런 상황 속에서도 일부 유대인들은 비교적 단정한 모습을 유지하며 자기를 잃지 않았다. 비록 자신의 식기에 배변을 볼 망정, 새벽에 배급되는 물을 반만 마시고 나머지 반으로는 양치질도 하고 세수도 하고 온몸을 닦으며, 자신들의 존귀함을 잃지 않았다. 고난 속에서도 자기를 잃지 않고 살아가는 이들을 나치 당원들도 함부로 죽일 수 없었다.

---

14. 마틴 루터 킹, *우리는 어디로 가는가?*, 홍동근 역, (서울: 대한기독교서회, 1985), 59, 129.

인도의 어느 산골에 한 노인이 길을 가다가 동네 길가에서 잠시 앉아 쉬고 있었다. 그가 앉아 있는 시골집 마당에 닭들이 모이를 평화로이 쪼아 먹고 있었다. 그런데 그 중의 한 마리가 닭이 아닌 독수리 임을 알았다. 그는 이를 이상히 여겨 그 집의 주인에게 물어 보았다. 그러자 주인이 대답하기를 "내 아들이 2년 전 산속에서 독수리 알을 하나 발견하여 집으로 갖고 와서 닭 우리에 넣었더니 암닭이 부화하여 저렇게 독수리를 낳게 되었지요. 나는 저 독수리를 닭 모이로 키웠고 닭이 되도록 훈련시켰으므로 저 독수리는 자신이 날 수 있다는 것은 상상하지도 못합니다. 독수리로 돌아갈 수는 없을 것입니다" 라고 말하였다. 그러자 노인은 "아직도 저것은 독수리의 심장을 가졌고, 나는 것을 배울 수가 있을 것입니다"라고 주장했다. 그들은 이것이 가능한지 알아 보기로 하였다.

그 농부는 닭들과 함께 모이를 쪼고 있는 독수리에게 살짝 다가가서 두 손으로 움켜쥐었다. 그리고 독수리를 그의 어깨 위로 올린 후 독수리의 눈을 바라보며, "너는 독수리야! 너는 닭이 아니야. 너는 날 수 있어. 자 날개를 펴서 날아 봐!"라고 말하며 공중으로 던졌다. 그러나 독수리는 날지 못하고 땅에 떨어져 닭들이 있는 곳으로 달아났다. 그 노인은 포기하지 않았다. 다음날, 그는 헛간에서 흩어진 모이를 쪼고 있는 독수리를 붙잡아 그 집 지붕 위로 올라갔다. 그는 독수리를 바라보며, "너는 닭이 아니야, 너는 독수리야! 너는 날 수 있어 날개를 활짝 펴고 날아 봐!"라고 외치며 독수리를 지붕 위로 던졌다. 그러나 독수리는 날개 한 번 펴 보지 못하고 땅바닥에 떨어졌다. 독수리는 저 노인이 자기를 해하려 한다고 생각하고 그 노인을 피해, 먼지 쌓인 마루 밑으로 깊이 숨어버렸다. 노인은 이제 저 독수리를 붙드는 것조차 어렵게 되었다. 그러나 노인은 포기하지 않고, 다음날 이른 아침 일찍 일어나 닭 우리 속에 잠 자고 있는 독수리를 붙들었다. 그는 그 독수리를 그의 옆구리에 꼭 끼고 높은 산으로 올라갔다. 독수리는 잠에서 깨어났지만 이미 노인의 강한 팔에서 벗어날 수 없었다. 독수리는 바라보이는 광활한 자연의 아름다움에 전율하였다. 높은 산 위 절벽 위에 올라서자 노인은 태양을 향해 독수리의 머리를 높이 치켜들고 다음과 같이 외쳤다. "너는 독수리야. 너는 하늘에 속해 있어! 이제 날개를 펴고 네 맘껏 날아 보아라!"며 독수리를 던져 올렸다. 날아 볼 생각도 못하고, 추락하는 독수리는 공포 속에 눈을 꼭 감았다. 그때, 절벽을 스치는 바람이 독수리의 날개를 펼쳤고, 독수리는 떨어지지 않고 공중에 떠 있는 자기를 발견하였다. 그리고 오랫동안 묶어 두었던 깃털을 파도처럼 일렁이기 시작하였을 때, 파란 하늘을 향해 날아 올라가고 있었다. 독수리는 저 아래 절벽 위의 한 작은 노인이 "너는 독수리야! 너는 닭이 아니야. 너는 하늘에 속해 있어! 너는 날아 갈 수 있어!" 라고 자기를 향해 외치는 것을 보면서 강력한 날개를 휘저으며 승리의 함성과 함께 하늘 위로 높이높이 날아오르고 있었다.[15]

---

15. Frankhauser, J. "*From a Chicken to an Eagle*," (N.Y.: Coleman Publishing), 1982.

4. 참 자기는 진정한 삶의 축(軸)

유태교 랍비 주샤는 임종 시, "천국이 어떠할 것 같은가?"라는 질문을 받았다. 그는 정중히 다음과 같이 응답하였다. "내가 그곳에 다달았을 때, 하나님은 '너는 왜 모세가 아니었느냐?' 라고는 내게 묻지 않을 것입니다. 내가 받을 한 가지 질문은 '너는 왜 주샤가 아니었느냐?' 라는 것입니다."[16]

우리는 자기 자신이 되도록 지어져 있고 자신이어야만 한다. 누구나 최선의 자기는 될 수 있어도 결코 다른 사람이 될 수는 없다. 진정한 자기는 하나님 아버지의 영광이요 기쁨이다.

키에르케고르(Søren Kierkegaard)는 그의 책 『죽음에 이르는 병』에서, 하나님과의 관계 속에 있는 독특한 개인으로서의 자기 자신을 확증하는데 실패할 때의 절망을 죄로 해석했다. 그는 절망을 자신의 개체성에 대한 자기 기만적인 회피로 묘사했다. 그러므로 그

16. Martin Buber, *Tales of the Hasidim: The Early Masters* (New York: Schocken Books, 1975), p.251.

는 삶의 목적을 하나님 앞에서 "사람이 진실로 존재하고 있는 그대로의 자기가 되는 것(to be that self which one truly is)"으로 보았다.[17]

하나님의 형상대로 지어진 그대로의 자기가 되는 길은 옛 자기 또는 거짓 자기가 십자가에 못 박혀 죽는 고통을 지나기도 한다. 그래서 르네 뮬러(Rene Muller)는, 『가장자리의 자아』(The Marginal Self)에서 말하기를, "우리는 우리 자신을 포기하기를 고대한다. 왜냐하면, 자신이 된다는 것은 어렵고 고통스러운 일이요, 또 그 자기를 포기함으로 얻는, 오직 세상에서 오는 값싼 보상을 바라기 때문이다"라고 했다.

실제로 온전한 자기로의 길이 좁고 협착할 때, 우리는 우리를 부르는 완전으로부터 달아나 온갖 넓고 쉬운 방향으로 달음질 칠 수 있다. "우리는 앞을 향해 일 안으로 달아날 수 있고, 뒤를 향해 신경안정제에 흡입되기도 하며, 위로 공상을 향해 도망칠 수 있으며, 아래로 우울 속에 숨고, 옆으로는 핑계와 회피로 달아날 수 있다. 모두가 우리 안에 어떤 중요한 것이 그렇게 갈망하는 완전을 피하기 위해서."[18] 그러나 좁은 길이더라도 진정한 자기의 삶을 살 때, 생명과 자유와 기쁨이 넘친다. 진정한 자기란 십자가에 옛 자기가 죽음으로서 살아난다. 이러한 참 자기는 세상에 사나 영원한 본향인 하늘에 속한다.

참 자기가 될 때까지는 참된 만족과 기쁨도 없다. 거짓 자기는 진정한 자기를 받아들이지 못하며, 타인도 받아들이지 못한다. 오

---

17. Kierkegaard, S. *The Sickness Unto Death*, Princeton University Press, 1941, p. 29. Quoted in Carl Rogers, *On Becoming A Person*, (Boston: Houghton Mifflin Company, 1961), p.166.
18. Jesse Trotter, *Christian Wholeness: Spiritual Direction for Today* (Wilton, T, Morehouse-Barlow, 1982), ix. Quoted in Joseph J. Allen, *Inner Way*, (Grand Rapids: William B. Eerdmans Publishing Company, 1994), p.9.

히려 자신에게 불만족 함으로 타인에게 복수한다. 그러나 참 자기는 자기를 지으신 하나님 안에서 진정으로 만족한다. 이런 만족은 하나님을 기쁘게 해 드린다.

전승에 의하면, 모세가 기도하기를, "오 하나님, 만일 제가 어떤 것을 하였다면 당신이 만족하실 그러한 어떤 행동을 보여 주소서"라고 했을 때, 하나님은 말씀하기를, "오! 모세야 너는 그것을 할 수 없단다"라고 하였다. 그러자 모세가 엎드려 하나님을 경배하며 애원할 때에, 하나님께서 그에게 나타나서 말씀하기를, "오! 모세야 너에 대한 나의 만족은 너가 나에게 만족하는 데 있단다"라고 하였다.[19]

다윗은 자기를 창조하신 하나님을 그의 우편에 항상 모시며, "마음과 육체와 영혼이 기쁨으로 충만"하여 감격하며 하나님을 찬양했다: "내 형질이 이루어지기 전에 주의 눈이 보셨으며 나를 위하여 정한 날이 하루도 되기 전에 주의 책에 다 기록이 되었나이다. 하나님이여 주의 생각이 내게 어찌 그리 보배로우신지요…내가 세려고 할지라도 그 수가 모래보다 많도소이다. 내가 깰 때에도 여전히 주와 함께 있나이다"(시 139:16-18).

존재의 깊은 곳에서 하나님이 지으신 본래의 자기를 찾을 때, 기쁨이 샘솟는다. 크리스천 심리 치료의 기본도 거짓 자기를 벗기고, 그리스도와 동일한 형상인 참 자기를 회복시켜 주는 것이다. 이는 인간에게 있는 모든 고통스런 경험 및 자신과 삶의 딜레마에 대한 해결의 열쇠가 된다.

참 자기는 하나님이 지으신 자기를 주 안에서 기뻐한다. 자신의

---

19. Elizabeth O'Connor, *Cry Pain, Cry Hope: Thresholds to Purpose*, (Waco, Texas: Word Books, 1987), p. 137.

몸을 사랑한다. 그리고 모든 사람들의 몸 안에서 자기 안에 있는 하나님의 형상을 발견한다. 자기 하나님을 진정으로 사랑한다.

18세기의 러시아의 성 자돈스크의 티콘은 모든 사람들에게서 하나님의 형상을 보며 가난한 사람들을 구제하다가 가난 속에서 죽게 되었지만, "나를 하나님의 형상과 모양으로 지으셨으니 감사합니다!"라고 하나님을 찬양하였다.[20]

20. Georges P. Fedotov, ed. *A Treasury of Russian Spirituality*, New York: Sheed & Ward, 1948. 인용:루이스두프레 외, *기독교 영성(III)*, 엄성옥, 지인성 옮김, (서울:은성, 2001), p.596.

제2장

잃어버린 자아:

너는 너가 아니야

하나님의 형상인 너가
하나님을 나타내지 않으면
너는 너가 아니야

하나님의 사랑인 너가
하나님을 사랑하지 않으면
너는 너가 아니야

하나님의 기쁨인 너가
하나님을 기뻐하지 않으면
너는 너가 아니야

그리스도가 실체인 너가
환상 속에 헤매면
너는 너가 아니야

하나님의 참 자녀인 너가
가짜로 살면
너는 너가 아니야

하나님의 것인 너가
세상 것으로 살면
너는 너가 아니야

그리스도가 승리자인 너가
패자로 살면
너는 너가 아니야

그리스도가 부활생명인 너가
그 얼굴을 못 뵈면
너는 너가 아니야

1. 가면 속에 묻힌 너

메이 사톤(May Sarton)은 "이제야 나는 나 자신이 됩니다(Now I Become Myself)"라는 시에서 자신의 진정한 자아를 찾기까지는 얼마나 비참하게 살아왔는지 말해 주고 있다.

이제야 비로소 나는 나 자신이 됩니다.
이렇게 되기까지는 긴 세월, 여러 해와 여러 곳을 지나왔습니다.
나는 힘을 잃었고 몸은 덜덜 떨렸으며 다른 사람의 얼굴을 쓰고 살아왔습니다….[21]

한국 전쟁 시 공산군이 처녀 공출을 하자 이를 피하기 위해 한 아름다운 소녀는 어린나이에 연상의 남자와 강제로 결혼하게 되었

---

21 May Sarton, "Now I Become Myself," *in Collected Poems*, 1930-1973 (New York: Norton, 1974), p.156. Parker J. Palmer, *Let Your Life Speak*, (San Francisco:Jossey-Bass Inc., 2000), p. 9에서 재인용.

다. 그녀는 부부 관계를 할 줄도 몰랐다. 그러자 알코올 중독자인 남편은 부지깽이로 그녀의 머리를 부스러뜨릴듯 세차게 내리쳤다. 상처 난 그녀의 머리 위에는 속에서 튀어나온 이상한 혹이 밖으로 나와 평생 붙어 있게 되었다. 그녀는 어려서부터 집을 나와 학대와 고난 속에 살아왔는데, 반세기가 지난 지금도 조그마한 일에 안절부절 자신을 잃고, 쉽게 다리를 떨며 공포 가운데 살고 있다. 그녀의 깨어진 마음속에는 원한과 분노의 불길이 꺼질 줄 모르고 타오르고 있다. 그녀의 눈동자는 눈물과 피로 물들었다. 그녀의 본래의 얼굴을 짓밟은 괴상한 가면은 분노와 공포, 슬픔으로 얼룩져 있다. 이러한 가운데서도 그녀는 오직 하나님께 기도로 부르짖을 때에 평안을 경험하곤 하였다.

김영애는 한국 여성의 한에 대한 그녀의 논문을 결론지으면서, 그녀와 인터뷰한 모든 여성들은 자아 상실과 자아 정체감의 상실 감정으로 고투하고 있었다고 말한다. 다른 사람들에 의해 규정된 기준에 따라 살면서 이 여성들은 마치 자신들이 참 자기로부터 소외된 거짓 자기의 마스크를 쓰고 있는 것같이 느꼈다고 하였다.[22]

사람은 하나님으로부터 나왔는데 본래의 자기인 하나님의 형상에서 멀어질수록, 거짓 자기의 모습으로 살아간다. 이러한 자기를 넘어 자기 존재의 근원인 하나님과 투명하게 연결되어 있을 때, 온전해진다.

스코틀랜드의 한 성에 있는 감옥은 땅속에 장치된 원추형의 용기에 죄수를 넣고 뚜껑을 닫은 후에 원추형의 용기를 탈수기처럼

22. Young Ae Kim, Han: From Brokenness to Wholeness: A Theoretical Analysis of Korean Women's Han and a Contextualized Healing Methodology, Ph.D diss. School of Theology at Claremont, 1991

돌리면, 죄수들은 그 안에서 아무런 참고하거나 관계할 어떤 것도 찾을 수 없어서 며칠이면 죽게 된다. 그런데 한 죄수는 며칠이 지난 후에도 용하게 살아 있었다. 그는 차돌 6개를 자기 주머니에 넣고 와서 그것을 하나, 둘 세면서 날이 가는 것도 알며, 정신을 잃지 않았기 때문이다.

고대 헬라어에서 사용한 '사람'(*πρόσωπον*)이란 말은 무대에서 사용되었던 가면(*προσωπεῖον*)과 동일한 것으로 간주된다. 사람이란 말 'Person'을 나타내는 라틴어는 가면이란 뜻인 'Persona'로 해석할 수 있다. 이 말은 우리가 우리 안에 누군가에게 기초를 두고 있는 존재라는 의미이다. 곧 사람(Person)이란 말은, "나는 나와 친밀하게 관계된 것들로 이루어져 있기 때문에 나는 사람이다"라는 뜻이다. 『레 미제라블』에 "나는 내 생명을 아기에게 주기까지 기쁨이나 만족을 몰랐어요"라는 고백이 나온다. 마음의 충족도 자신으로부터가 아니라 외부로부터 온다.

한문으로 사람을 의미하는 '인간(人間)'이란 말은 둘이 기대어서 하나로 서 있는 사람 '인(人)' 자와 관계를 나타내는 사이 '간(間)'의 결합이다. 곧 사람은 친밀한 누군가와 연결되어 관계 속에 있음으로 사람이 된다는 뜻이다. 사람은 그리스도로 말미암아 부모를 통하여 하나님으로부터 나왔고 그리스도 안에서 살고 존재하고 기동한다.

아무도 자기 스스로 생기지 않았다. 생명은 다른 무엇으로부터 출발했다. 사람은 자기 자신이 자기 스스로를 이해하거나 해석할 수 없다.

사람이 어떤 가면을 쓰는 것도, 자신의 정체성을 자기 스스로에게서는 찾을 수 없기 때문이다. 거짓과 상처로 일그러졌을지라도,

'나는 나' 라는 정체감을 찾아보려고 가면을 쓴다. 사람은 하나님 안에서, 그와의 깊은 상호 사랑의 교제 속에서 진정한 자기를 찾는다.

하나님의 형상인 내 안에 하나님이 사실 때 나는 '진짜 나' 가 된다. 구약 성경은 '내가 사나 내가 아닌 하나님' 이라고 말하며, 신약은 '내가 사나 내가 아닌 그리스도' 라고 한다. 그리스도는 우리의 생명이다. 우리의 원천적 원형인 그리스도 안에 내가 바로 설 때 나는 참 자기로 나타난다.

성령 대신 육신의 정욕과 세상 신을 좇아 살 때, 영혼을 잃게 된다. 영혼을 상실할 때, 실제의 자기를 떠나 환상이나 우상을 섬긴다. 다른 사람들이 되려는 가면을 쓰고 산다.

불행하게도 이 가면들은 실제 사람을 생각나게 했기에 고대 헬라 사람들은 사람을 가면으로 생각했을 수도 있다.[23] 헬라 시대의 무대에서 보여 준 인간의 비극적인 모습을 지지오우라스(Zizioulas)는 다음과 같이 말한다:

무대에서 인간은 그의 신들 그리고 운명과 싸운다. 거기서 죄를 짓고 계율을 범한다. 그러나 고대 비극의 고정된 원리에 따라 그는 자신의 운명을 궁극적으로 피할 수도 없으며, 결과에 따르는 고통 없이 오만함을 계속 보여 줄 수도 없다. 이렇게 함으로, 플라톤의 법칙 안에 전형적으로 표현된, 세상이 사람을 위해 존재하지 않고 사람이 세상을 위해 존재한다는 비극적인 관점을 확인시켜 준다.[24] 그의 자유는 제한되었거나 그를 위한 자유는 오히려 없다. 결과적

23. For this interpretation see S. Schlossmann, *Personan und Prosopon im Recht und Christlichen Dogma* (1906), p. 37. Quoted in Zizioulas, Being as Communion, p.31.
24. *"For it (the whole) is not brought into being for thy sake, but thou art for its sake"* (Plato, Laws, X, 903 c-d). 전체가 너를 위해 존재하는 것이 아니라 너가 전체를 위한다는 세계관은 한 영혼이 천하보다 귀하며 자신은 하나님이 지은 본래의 자신을 위해 존재한다는 성경적 관점과 상반된다.

으로, 그의 인물됨은 가면으로서, 이는 그 사람의 진짜 본질(hypostasis)[25]과는 관련이 없고, 존재론적인 알맹이(ontological content)가 없는 것이다.[26]

참 자기를 잃을 때, 타인이 쓴 각본을 따라 사는 가면극의 배우가 된다. 가면을 쓴 배우가 된 사람들은 무의식 속에서나 의식간에 인정을 받기 원한다. 배우는 관중들의 칭찬을 받는데 실패하면 충격을 받아 괴로워한다. 배우로서 가짜 자기는 이 세상을 무대로 관객들의 인정과 박수갈채를 받음으로 자신임을 확인하려고 한다. 그러나 자신이 쓴 가면과 자기를 동일시 할 때, 노이로제에 걸린다.

가면을 쓴 많은 사람들은 자신들이 어떤 역할 속에 있지 않거나 외부로부터 인정을 받지 못하면 좌절한다. 사회적으로 자기의 할 역할이 없어 우울하고, 참 자기를 잃어서 슬프고 환영을 받지 못해 낙심하며 삶의 의미와 목적을 상실하여 한탄하기도 한다.

심리치료가인 셀로든 콥은 현대 가정에서도 가면 속의 부모들이 자기 자손들에게 어떻게 가면을 쓰게 하는지 말해 준다. "어린아이들로서 우리는 너무 자주 자신보다는 무언가 다른 사람이 되도록 권고받습니다. 우리는 자신이 아닌 어떤 성격을 취하고, 다른 사람에 의하여 쓰여진 인생사를 따라 살도록 요구받습니다… 노이로제는 부분적으로는 누군가 다른 사람의 충족되지 못한 꿈과 이면에

25. Hypostasis means basically "nature" or "substance". St. Athanasius, *Letter to the Bishops of Egypt and Libya* (PG.26, 1036 B,) defines the term,:"Hypostasis is ousia and has no other meaning apart from being (τὸὀόν)itself...For *hypostasis* and *ousia* are existence (ὕπαρξιζ): it is and it exists(ἔστι καὶ νπάρχει)" quoted in Zizioulas, p.36n.
26. John D. Zizioulas, *Being As Communion*, (NY: St. Vladimir's Seminary Press, 1993), p. 32.

숨겨진 불안에 따라 줄거리를 잡은 시나리오에 배역이 잘못된 결과 입니다."[27]

정신분열증을 앓고 있는 많은 사람들이 어린 시절, 부모의 무력함과 허물 그리고 신경병적 특질을 자기의 것으로 흡수하여, 희생양의 탈을 쓰고 살았다. 어렸을 적 가정에서 상처받고 자란, 한쪽 부모와 정서적으로 단절된 사람은 참 자기를 회복하기까지는 평생 단절의 가면을 쓰고, 삶의 중요한 누군가와 멀어진 삶을 살게 된다.

가정에서 자라면서 맡아 왔던 가족 역할이 참 자기를 갇히게 하는 가면이 된다. 어렸을 적 알코올 중독자 가정에서 자란 한 소녀는 심한 긴장 속에 술취한 가족을 도와주는 구조자의 가면을 쓰고 살아왔다. 이 소녀가 성장하여 술을 즐기는 남자와 결혼하였다. 그런데 그 남편이 새해에 술을 끊기로 결심하자 자신이 구조자 가면을 벗는 것을 참지 못하고, 술을 사서 남편에게 권하였다.

랍비 멘델(Mendel)은 타인이 씌운 잘못된 가면을 벗고, 참 자기를 찾으라고 다음과 같은 시를 썼다.

만일
내가 나이기 때문에 나는 나이고
너는 너이기 때문에 너는 너라면
나는 진짜 나이며, 너는 진짜 너이다
그러나
만일
너가 너이기 때문에 나는 나이고

27. Sheldon Kopp, *This Side of Tragedy*, (Palo Alto, CAL Science and Behavior Books, 1977), p. 4., 인용, 윌라드 프릭저, 손정락 역, *자기에로의 여행*, (서울: 성원사, 1993), p. 110.

내가 나이기 때문에 너는 너라면
나는 진짜 내가 아니고
너도 진짜 너가 아니다.[28]

상처 입은 많은 사람들이 자신과 이웃과 하나님으로부터 소외된 채 참 자기를 잃고 살아가고 있다. 타인이 씌워 놓은 가면을 벗을 용기도 잃은 채, 아픔과 진실을 감추고 산다.

태초에 인간이 죄를 지어 영혼을 잃어갈 때, 거짓의 가면이 참 자기를 대신하였다. 이때부터 인류는 자신들의 본래 얼굴을 잃고 살아왔었다. C.S. 루이스(Lewis)의 소설, 『우리가 얼굴들을 가질 때까지』(Till We Have Faces)에서, 여주인공은 평생 동안 자기 행동을 정당화 시키려는 데 심혈을 기울여 왔다. 그럼에도 불구하고 그녀는 자신의 심판자를 대면할 준비가 되어 있지 않은 자신을 깨닫고는 "우리가 얼굴들을 가질 때까지 그들이 어떻게 우리와 얼굴과 얼굴을 마주하고 만날 수 있나요?" 라고 설득력 있게 질문한다.[29] 많은 사람들이 자신의 얼굴을 잃고 방어물 뒤에 숨어 산다. 폴 뚜르니에는 그의 책 『인간 의미의 심리학』에서 말하기를 "어떤 사람은 신비스러울 정도로 침묵을 지킴으로써 남이 자신을 꿰뚫을 수 없도록 후퇴한다. 또 어떤 사람은 유창하게 잡담을 계속 함으로써 다른 사람이 자신의 본 모습에 가까워질 수 없도록 한다. 또 어떤 사람은 학식과 인용과 추상적 개념과 이론과 학술적인 주장, 기술적인 특수 용어에 의해서 자기 자신을 숨긴다. 또 어떤 사람은 미리 준비한 대답이나 하찮은 말로써, 또 어떤 사람은 교훈적이거나 보호자가

28. John Bradshaw, *The Family: A Revolutionary Way of Self-Discovery*, p.41.
29. C.S. Lewis, *Till We Have Faces*, (New York: A harvest/HBJ Book, 1956), p. 294.

하는 것과 같은 충고로써 자기 자신을 숨긴다." 수줍음이나 자기 확신 뒤에 숨는가 하면, 질병 속에 숨어 살기도 한다.

다양한 가면을 쓴 거짓 자기는 살아 있는 관계, 인격적인 관계에 들어갈 때, 본질적인 그 무엇인가가 결여 되어 있는 상태가 드러난다. 겉은 존재하는 것 같으나 속은 상처로 얼룩지고 텅비어 있다. 이러한 사람에 대하여 위니캇은 말하기를, "내가 그의 존재하지 않음에 대해 말했을 때, 그는 처음으로 자신이 누군가와 진정으로 의사소통하고 있다고 느낄 수 있었다."[30]

로버트 스티븐슨(Robert Louis Stevenson)이 사모아에 도착했을 때, 그는 원주민 목사를 훈련하는 말루아 학원의 교장으로부터 학생들에게 강연해 달라는 초청을 받았다. 그는 한 숨겨진 예언자의 이야기에 초점을 맞추어 강연을 하였다. 그 예언자는 자기 백성들 앞에서 열렬하고 화려한 빛을 내고 자신의 얼굴에 광채가 너무 커서 얼굴에 베일을 썼으므로 아무도 바라볼 수 없었다고 말했다. 그러나 마침내 그 베일이 오래되고 썩어 벗겨져 버렸고, 그 예언자의 감추어졌던 얼굴이 드러났다. 그런데 놀랍게도, 사람들은 그가 자신의 추한 얼굴만을 가리기 위해 애쓰고 있는 추한 노인임을 발견했다. 사람이 아무리 고귀한 진리를 가르치고 교묘하게 인격의 결점을 변명한다 할지라고 그 베일이 사라지는 시간이 오면 사람들에 의해 실제 모습이 보여진다.[31]

우리가 하나님의 형상인 참 자기로 드러날 때 거짓 자기는 사라진다. 그러나 우리를 온전케 하시는 하나님으로부터 분리될 때, 거

---

30 도널드 위니캇 저, 이재훈 역, *성숙 과정과 촉진적 환경*, (서울: 한국심리치료연구소, 2000), p. 220.

31 J. 오스왈드 샌더스 저, *신광숙 역, 그리스도인의 영적 리더십*, (서울: 예찬사, 1996), pp. 230-231.

짓 자기가 독버섯처럼 돋아날 것이다.

유지니아 프라이스(Eugenia Price)는, "사람이 자기의 삶의 고삐를 하나님의 손으로부터 탈취하고 조물주와 분리되어 궤도를 돌기 시작했을 때, 그는 거짓된 자기 — 태초에 하나님이 사람을 위해 만들어 주신 참된 자기가 아닌 — 를 형성하기 시작한 것이다"라고 기록한다. 그녀는 어른이 되어 처음으로 예수 그리스도를 만났을 때 생전 처음으로 그녀 안에 33년 동안 하나님과 단절되어 온 거짓된 자기와 새로이 회복된 참된 자기가 싸우고 있음을 깨달았다. 그리고 그녀는 이제 그녀 안에 있는 하나님의 능력으로 참 자기가 거짓 자기를 이길 수 있도록 선택할 수 있었다. 아무것도 꾸미지 않고 아무것도 과장하지 않고 완전한 실재이신 하나님께서 그녀 안에서 삶을 살게 되셨을 때, 그 분은 "진실로 있는 그대로의 나 자신"을 이해하실 수 있으셨다. 그녀는 우리가 우리 자신에 관해 객관적으로 정확히 보며, 우리의 자아를 "바로 하나님의 자아에 연결시킨 후에 그 분의 창조의 최고의 경지로 계속 발전시켜야 한다"라고 주장한다.[32]

하나님의 영광을 가리는 수건이 성경에 나온다. 모세가 여호와와 말씀하였음을 인하여 얼굴 꺼풀에 광채가 나니 사람들이 그에게 가까이 하기를 두려워하였다. 그래서 모세는 없어질 영광의 결국을 보지 못하게 하려고 수건을 얼굴에 썼다. 수건으로 인하여 주의 영광이 그들에게 가려졌다. 그런데 그들은 그들의 마음을 불신의 수건으로 덮어 이제 활짝 드러난 하나님의 영광도 보지 못하게 되었다. 저희 마음이 완고하여 오늘까지라도 죄와 불신의 두꺼운 수건이 그들의 마음과 생각을 덮어 거짓 자기로 살게 하였다. "그 중에 이 세상의 신이 믿지 아니하는 자들의 마음을 혼미하게 하여 그리

32 유지니아 프라이스 저, 김혜련 역, 자신을 발견하라, (서울: 생명의 말씀사, 1988), pp.20-29.

스도의 영광의 복음의 광채가 비치지 못하게 함이니 그리스도는 하나님의 형상이니라"(고후 4:4)

하나님 형상을 덮은 그 두꺼운 수건은, 죄악에서 돌이켜 "언제든지 주께로 돌아가면" 벗어진다(고후 3:16). 주는 "영이시니 주의 영이 계신 곳에는 자유함"이 있다(고후 3:17). 예수 그리스도는 십자가에 달리사 우리를 덮은 모든 죄악의 수건과 한맺힌 가면을 통째로 찢어 벗기셨고, 우리 속에 감춰었던 하나님의 형상을 활짝 드러나게 해 주셨다.

가면을 쓴 우울한 영혼의 한 가지 소망은 단 하루라도 진짜 자기를 찾아 기쁘게 살아보는 것이다.

자아 상실의 아픔을 감싸기 위해 가면 속에 가려진, 한 상처 입은 영혼은 다음과 같은 꿈을 꾸었다. 자신의 눈썹 위로 고름같은 액체가 나와서 머리띠 같은 형태를 띠며 덮었다. 보이지는 않지만 눈 아래로 그 기운이 번지는 것을 느꼈다. 그때 의사의 손인지 자신의 손인지 잘 모르지만, 자신의 얼굴을 덮은 그 껍질을 좌에서 우로 벗겨 나가기 시작했다. 그러자 배트맨이 쓴 가면같은 껍질이 툭 떨어져 나갔다. 그의 볼은 갓 떼어진 가면으로 인해 아직 상처가 아물지도 않았다. 그의 얼굴을 가렸던 악취나는 가면은 영혼의 의사이신 그리스도의 손에 의해 벗겨져 나갔고, 이제 그는 참 자기로 드러났다. 참 자기로 사니 기뻤고 모든 관계와 일도 잘 되었다.

2. 나르시시즘(narcissism) 속에 갇힌 너

그리스 신화에 나오는 미소년 나르시스(Narcissus)는 물에 비친 자신의 모습을 사랑하여 그리워하다가 빠져 죽었다. 나르시시즘이란 자기에게 병적으로 도취하는 일이다. 참 자기를 잃을 때 자기애성 인격 장애자로 전락한다. 나르시시즘은 자아와 그 주위 세계 사이에 있는 어떤 구분이나 차이를 부정한다. 다른 사람이 자신이 아니라는 것을 구분하는 능력이 결여되어 있다. 이것은 그 자궁 속에 있던 미분화된 만족을 복구하려 한다.

크리스토퍼 라쉬(Christopher Lasch)는 주장하기를, "자기도취적 자아는 그 자아의 윤곽이 불분명하고 세계를 자신의 이미지로 만들거나 또는 기꺼이 그 세계의 환경 속으로 병합하는 것이다"라고 했다. 또 이러한 사람들은 "나는 아무것도 아니다. 나의 정체감은 붕괴되었으며, 깊은 곳에 아무도 없다"라는 내적 공허감을 갖는다. 자기의 무가치 함을 보상하기 위해 자기 스스로를 고양시키려 하는 기질로 바뀐다. 과장되게 거만하며 성공 또는 지배력에 대한 환상에 몰두하고 산다. 이런 나르시시즘적 성격의 소유자는 공과 사는 잘 구분 못해도 현재 생활에 눈에 띄는 역할을 하여 뛰어난 위치로 가끔 상승한다. 자기 자신의 업적보다는 자신이 과대하게 찬양받기를 원한다.

자기 영혼을 잃어버린, 자기애성 인격 장애자는 자신에 대한 부푼 과대 이미지로, 외부로부터 계속되는 과대한 관심과 칭찬을 필요로 한다. 이러한 사람들은 종종 비판이나 작은 실패에 무관심을 보이든지 또는 너무 과도하게 반응함으로 부적절한 응답을 한다. 그들은 대인관계에 문제를 가지고 있으며, 자신들만이 특별한 사랑을 받을 권리가 있다고 느끼고, 자기 자신의 탐닉을 위하여 다른 사람들을 조종한다. 타인의 감정이나 요구를 인정하거나 확인하려 하지 않는다. 다른 사람들이 어떻게 느끼는지를 깨닫고 경험하는데 어려움이 있다. 자기 도취에 빠져서 환자 앞에서 자기의 건강을 자랑한다. 친구가 가족의 죽음으로 인해 자신과의 데이트를 취소해야 한다는 것을 알려 오면, 오히려 불쾌감을 느끼고 친구의 슬픔을 함께 나누지 못한다.

자기애성 인격 장애를 가진 사람들은 현실이나 실재와 접촉을 잃었다. 아무것도 느낄 수 없어 몸은 긴장되어 있으며, 무감각을 숨기려고 마스크를 쓰고 산다.

이들은 만성적인 자기 불확실성과 자기 불만족에 자존감이 결여되어 있다. 자기 비하와 심한 열등감으로 과대 망상적인 보상심리를 가지며, 신기루를 잡으려 하기도 한다. 도날드 캡 교수에 의하면, 나르시시즘에 빠진 거짓 자아는 "여러 가지 강한 야심들과 과대한 공상들, 열등감, 외적 환호에 과도하게 의지하는 여러 가지 결합으로" 채워져 있다.[33]

도날드 캡 교수에 의하면, 나르시시즘에 빠진 거짓 자아는 "여러 가지 강한 야심들과 과대한 공상들, 열등감, 외적환호에 과도하게 의지하는 여러 가지 결합으로" 채워져 있다. 이들은 어릴 때 부모를 포함한 중요한 사람들로부터 자아 확신에 필요한 사랑과 인정과 칭찬을 온전히 받지 못하였다. 그러므로 외적인 성취를 통하여 잃어버린 칭찬과 인정을 받으려 하기도 한다.

자기애성 성격 장애자는 진정한 자기 자신을 찾지 못해 상처받은 영혼으로 자신도 타인도 진정으로 사랑할 줄 모른다. 자기를 사랑할 수 없기에 남들이 자신을 거짓으로 사랑한다고 생각한다. 자신에 대한 경멸을 타인에게 투사한다. 상대방에 대한 관심이 결여되어 있고 차가운 감정을 가진다.

자아심리학자 하인즈 코후(Heinz Kohut)는 인간의 자기애와 그것의 실패에서 오는 자기 자신에 대한 수치와 분노는 인간의 자기구조 파괴라는 과정을 통해 종국에는 자기 상실이라는 비극을 맛보게 된다고 하였다.

자기애성 성격 장애를 고칠 수 있는 길은 하나님의 놀라운 사랑을 체험하며, 하나님의 얼굴 안에서 자기 얼굴을 발견하는 것이다. 옛 자기를 십자가에 못 박고, 성령 안에서 하나님의 형상인 참 자기로 거듭나는 일이다. 이 온전케 된 사람의 자기 사랑의 에너지는 하나님과 이웃을 사랑하는 에너지로 아름답게 전환된다.

---

33. Donald Capps, "Sin, Narcissism, and the Changing Face of Conversation," Journal of Religion and Health, Vol. 29, No. 3, Fall 1990, p.246.

3. 한의 포로된 너

빅토르 위고(Victor Hugo)는 인간의 곤경을 다음과 같이 표현 했다:

나는 장엄한 전투의 수치스러운 싸움터이다. 사람은 높은 데서(하늘) 온 것만큼이나 낮은 곳(땅)에서도 왔다. 내 입에 악이 있는가 하면 곧 선이 있다, 마치 사막에 모래와 샘이 있듯이.[34]

위고는 이 고백에서 인간의 자아 타락과 자아 분열을 꼬집어 말하였다. 본래 인간이란 흙에서 취함을 받아 약하고 허무하며 한이 깃들어 있다. 히브리어로 아담 곧 사람이란 단어는 '아담아' 곧 흙이란 원어에서 파생되었다. 흙에서 취함 받은 인간은 공허하고 깨어지기 쉽고, 악을 경험하며 한이 많다. 리로이 호우(Leroy Howe)에 따르면, 하나님은 인간을 무에서(ex nihilo) 창조하셨기에, "공허함과 무가치, 무의미함이 종종 우리 모두를 엄습하여 압도하고 우리 삶

34. Je suis le champ vil des sublimes combats: Tantot l' homme d' en haut, et tantot l' homme d' en bas; Et le mal dans ma bouche avec le bien alterne, Comme dans le desert le sable et la citerne. Quoted in William James, *The Varieties of Religious Experience*, (NY: University Books, 1963), p.171.

의 전체 발달 단계에 있어서 우리 중의 어떤 사람들을 소멸한다."[35] 이러한 공허함과 무가치함은 우리를 소외시키는 한이다.

한은 "몹시 원망스럽고 억울하거나 안타깝고 슬퍼 응어리진 마음"이라고 사전에 정의되어 있다.

한이란 중국말로 '헨' 곧 미움이며, 일본말로 '곤' 곧 '원한을 지니다'는 뜻이며, 몽골리안 말로는 '호로술'로 슬픔을 의미하며, 베트남 말인 '한'은 좌절을 나타낸다.[36] 한은 마음속 깊이 애통과 비탄함에서 나오는 살을 에는 아픔이요, 저항할 수 없는 재난에서 오는 무력함이고, 타인의 죄를 짊어진 희생양의 울부짖음이다.

그리스 신화에서, 메두사는 바다의 신 포세이돈이 한눈에 반할 정도로 출중한 미모의 여인이었으나 포세이돈과 사랑을 나눈 장소가 하필이면 근엄하기로 유명한 아테네의 신전이었다. 이들의 정사 장면을 우연히 보게 된 아테네 여신은 그 미모를 시기해서인지 또는 신성한 자신의 신전에서 음란한 행동을 한 메두사에 격분해서인지, 그녀에게 저주를 내려 머리 한 올 한 올을 뱀으로 변하게 했다. 또 사람들이 한 번이라도 그녀의 얼굴을 보는 즉시, 돌이 되는 흉측한 괴물의 모습으로 만들었다.

그러자 영웅 페르세우스는 메두사가 보지 못하도록 하기 위하여 갈은 방패에 그의 모습을 비추며 가까이 가서 그녀의 목을 쳤다. 더불어 메두사의 자매들도 괴물로 만들었는데 아이러니한 것은 두 자매에게는 흉측한 모습과 함께 불사의 생명을 주었지만, 유독 메두사에게만은 불사의 생명을 주지 않았다는 것이다. 결국 불사의 생

---

35. Leroy T. *Howe The Image of God: A Theology for Pastoral Care and Counseling*, (Nashville: Abingdon Press, 1995), p. 69.
36. Matthew's Chinese-English Dictionary,(Cambridge, Mass.: Harvard University Press, 1963), p. 310.

그림Ⅱ-1 메두사(Medusa), Caravaggio, 1596-1598

명을 얻지 못한 메두사는 그리스 신화 속 영웅 페르세우스에 의해 목이 잘린 채 또 다른 그리스 신화의 영웅 만들기 내지는 아테네 여신의 방패 장식품으로 이용당한 불쌍한 희생양이 되었다.

메두사는 오늘날 억울하게 목숨을 잃은 버림받은 수많은 영혼들을 대변한다. 다음 "그림Ⅱ-1"을 참조 바란다.

나의 학생이었던 한 중년 남성은 한국이 IMF 상태 아래 경제적으로 어려울 때, 한강 다리 위에서 투신 자살까지 하려 했었다. 그는 자신이 태어날 때, 점쟁이가 와서 그의 아버지에게 이 아이가 집에서 가족과 함께 자라면 죽게 된다는 말을 하였다. 그러자 그의 아버지는 아이가 태어나자 마자 서울집에서 시골에 그를 홀로 내려 보냈다. 그는 거기서 그의 사랑하는 부모 및 가족을 보지 못하고 어린시절의 긴 5년을 떨어져 있어야만 했다. 낯선 타인의 집에서 그는 인생의 가장 중요한 시기를 암흑 속에 보냈다. 부모도 신뢰할 수 없는 어두운 세력의 희생자로서, 그의 성격은 불신 가운데 불안전하게 형성되었다. 몸은 성인이 되었으나 어릴 때의 상처에서 헤어나오지 못한 그는 조그마한 어려움이 와도 심하게 흔들리며 자살 충동에 시달렸다.

그리스도는 살리는 영이나 사단은 죽이는 영이다. 어둠의 혼과 악의 영에서 온 한 맺힌 예언들은 사람을 멸망시키려 하는데 이는 그리스 신화에 나오는 오디푸스(Oedipus)를 생각나게 한다.

오디푸스가 태어났을 때, 그가 그의 아버지 테베의 왕 라이우스를 살해할 것이라는 예언이 전해졌다. 이것을 앞질러 방지하기 위해, 라이우스는 목동에게 그 어린아이를 주며, 이 아이를 산중턱에 버려 죽도록 하라고 지시했다. 그러나 인정 많은 목동은 그 아기를 자기 집으로 데리고 온다. 아이가 자라 소년이 되었을 때 그는 고린도에 가서 고린도 왕의 집에서 자라게 된다. 그가 청년이 되었을 때 그가 그의 아버지를 죽일 것이라는 예언을 듣고, 이 예언을 피하기 위해 고린도를 떠난다. 길에서 그는 한 마차를 만난다. 그는 그 마부와 말 다툼을 하게 되는데, 그 마차를 탔던 라이우스 왕이 마차에서 내려 마부의 편을 들다가 오디푸스에게 맞아 넘어져 죽는다. 오디푸스는 계속해서 테베로 갔는데, 거기서 그는 스핑크스의 수수께끼를 풀며 그 보상으로 테베의 왕이 되고 왕비 조카스타와 결혼한다.

오디푸스는 테베를 지혜롭고 강하게 통치했던 좋은 왕이 되었고 왕비와도 여러 해 동안 행복하게 결혼생활을 했다. 그런데 테베가 재앙으로 고통 받을 때, 지난번 왕 라이우스를 죽인 자를 찾으면, 테베 사람들이 고통 받는 재앙이 사라질 것이라는 예언이 전해진다. 오디푸스는 나이 많고 눈이 먼 예언자 타이레시아스(Tiresias)를 불러 자기가 관련되어 있을 지도 모른다는 사실을 점차 알게 되는 과정에서 자기에게 무슨 일이 일어나든, "나는 내가 누구인지 발견해야만 하겠다"라고 결심한다. 자기 자신의 실재를 알기 원하는 오디푸스 앞에 더 이상 숨어 있을 수 없었던, 오디푸스를 죽음에서 구해 준 늙은 목동이 나타나 모든 사실을 알려 준다. 비참한 운명 앞에 조카스타는 목매어 자살하고, 오디푸스는 그의 두 눈을 뽑고 유배를 간다. 태어나서 며칠 후에 버림을 받았던 오디푸스는 늙어서 또 유배되었던 것이다. 오디푸스는 자기가 죄짓지 아니한 외부의 환경과 예언에 의해 희생자가 되었다. 그와 그의 가정은 악을 경험했고 한이 많았다.

억울하게 가인의 희생물이 되었던 아벨의 피를 비롯하여 한맺힌 혼들의 피가 땅에서부터 하나님께 울부짖고 있다. 한국이 먹고 살기 어려운 때에 한 목회자 부부가 시골 교회에 부임하게 되었다. 그런데 두 아이가 태어나면서 식구가 많아졌다. 목사의 가족은 결국 자신들을 부양할 수 없다는 그 교회를 떠나서 논바닥에 텐트를 치고 살게 되었다. 사모는 차가운 이곳에서 아이를 둘 이나 더 낳게 되었는데 먹을 것도 없고 남의 눈총도 따가와 아이들은 태어나자마자 죽었다. 오랜 시간이 흐른 후, 자신의 교회에 부흥회를 인도하러 온 목사에게 그녀는 아무에게도 말하지 못했던 고통스런 그 비밀을 눈물로 털어놓았다.

한국 사회에 전해 내려오는 이야기 중에, 시집간 첫날밤, 신부가 돌아앉았을 동안에 사랑하는 신랑이 갑자기 죽었다. 그때, 어디선가 들려오는 원혼을 달래는 뻐꾸기 소리, "이리로 돌아 앉으면 볼까, 저리로 돌아 앉으면 볼까, 복골, 볼골" 슬피 울며 '게게게' 피를 토하였다고 한다. 지지북금하며 우는 새는 "지집 죽고, 자식 죽고 논밭 전지 수패하고, 지지북금, 북금, 북금." 하고 운다고 한다.

강원도 평창군에서 딸만 셋인 집의 맏딸로 태어난 김군자 할머니는 10살에 아버지를 잃고 13살에 어머니마저 잃었다. 형편이 너무 어려워 어린 동생들을 남의집살이로 보내고 고아가 돼 친척집에서 양육되던 중 16살 때 아무 영문도 모르고, 일본군 종군 위안부로 중국 훈춘으로 끌려가 몸과 정신을 유린당한 채, 악몽같은 세월을 보냈다. 김 할머니는 3년 동안 여러 차례 자살을 시도하였지만, 실패하였다. 할머니는 "목을 메어 자살하려다 들키면 죽는 것보다 더 맞았지."라고 말하였다. 해방과 함께 다시 여러 차례의 죽을 고비를 넘기고 고향으로 돌아와 사랑했던 남자와 재회했지만 상대 집안의 반대 속에 남자가 자살했고 당시 임신해 낳았던 딸은 5개월 만에 죽었다. 김 할머니는 한평생 홀로, 상한 심령과 수치와 고통스런 한 속에 방황하며 살아왔다.

키에르케고르는 세상에 사는 많은 인간들의 한을 대변하는듯, 다음과 같이 말한다. "나에게 있어서 인생은 쓴 잔이 되었다. 그러나 나는 그것을 약을 먹듯 한 방울 한 방울 마시지 않으면 안되는 것이다."[37]

이해할 수 없었던 고난으로 괴로워하던 욥은 자기의 생일을 저주까지 하며, "어찌하여 내가 태에서 죽어 나오지 아니하였던가 어찌하여 내 어머니가 해산할 때에 내가 숨지지 아니하였던가"라고

37. 키에르케고르 저, 권오석 역, *이것이냐 저것이냐*, (서울: 홍신문화사, 1992), p. 14.

한탄했다(욥 3:11).

눈물의 선지가 예레미야도 자기 어머니가 자기의 무덤이 되지 아니한 것을 한탄하며, "어찌하여 내가 태에서 나와서 고생과 슬픔을 보며 나의 날을 부끄러움으로 보내는고" 라고 하며 그의 한을 쏟아 놓았다(렘 20:18).

시편 기자는 깨어진 그릇과 같이 된 자신에 대한 한을 다음과 같이 말한다.

> 여호와여 내가 고통 중에 있사오니 내게 은혜를 베푸소서 내가 근심 때문에 눈과 영혼과 몸이 쇠하였나이다 내 일생을 슬픔으로 보내며 나의 연수를 탄식으로 보냄이여 내 기력이 나의 죄악 때문에 약하여지며 나의 뼈가 쇠하도소이다. 내가 모든 대적들 때문에 욕을 당하고 내 이웃에게서 심히 당하니 내 친구가 놀라고 길에서 보는 자가 나를 피하였나이다. 내가 잊어버린바 됨이 죽은 자를 마음에 두지 아니함 같고 깨진 그릇과 같으니이다. 내가 무리의 비방을 들었으므로 사방이 두려움으로 감싸였나이다. 그들이 나를 치려고 의논할 때에 내 생명을 빼앗기로 꾀하였나이다(시편 31:9-13)

내적인 하나님의 형상이 손상될 때, 외적으로 죄가 드러난다. 헬라어로 죄란 말은 '표적을 빗나갔다' 는 뜻이다. 하나님의 형상인 본래의 자기와 표적을 빗나간 거짓 자기 사이의 틈새에서 부정적인 한이 나타나기 시작하였다.

한의 포로된 삶이란 "바퀴 중심을 벗어난 차축이며 뼈마디를 이탈한 뼈"라고 석가는 말하였다.[38] 고타마 싯달타에게 있어 한은 욕망과 현실사이의 괴리로부터 나온다. 키에르케고르가 말한 인간의 유한성, 칼 바르트가 말한 인간의 고난과 자기 모순,[39] 칼 융이 지적한 인간 정신 속의 어두운 그림자와 콤플렉스, 폴 틸리히가 지적한 '무의미함의 불안', 폴 뚜르니에가 말한 인간의 상실과 결핍,[40] 윌리암 제임스의 분열된 자기(divided self), 레네 제라드가 말한 남이 가진 것을 시기하여 빼앗고 모방하려는 욕구(mimetic desire),[41] 데이비드 옥스버그의 원한과 조각난 자기(fragmented self),[42] 데이비드 시맨스의 상한 감정,[43] 아벨의 핏소리(창 4:10), 이사야의 갇힘과 깨어진 심령(사 61:1), 다윗왕이 경험한 사망의 골짜기(시 23:4), 에스겔의 마른 뼈들(겔 37:4), 사도 바울이 탄식한 사망의 몸(롬 7:24), 이 모든 것들이 인간의 한을 말해 준다. 이러한 한들은 더욱 우리로 존재의 근원인 하나님과 우리 자신과 이웃으로부터 멀어지게 한다.

우리를 참 자기로부터 소외시키는 한은, 죽음의 심연 속으로 곤두박질하게 한다. 앤드류 박은, "만일 사람의 체념한 한이 마음 깊이 자리할 때, 그것은 그 사람으로 하여금 죽음에까지도 이르도록 해할 수 있다"라고 주장한다.[44]

한이 깊어지면, 다음과 같은 홧병(hwa-byung)의 증상을 보이며 몸과 영혼이 병들게 된다:

이 한국 민속 증후군은 글자 뜻 그대로 영어로는 분노 증후군

---

38. Huston Smith, *The Religion of Man*, (NY: Harper and Row, 1986), p. 150.
39. Barth writes that suffering is "merely grievous" (CD, II/1, 374). "The ultimate fact about our human nature...is the self-contradiction of man" (CD, III/2, 47).
40. Paul Tournier, Creative Suffering, (San Francisco: Harper & Row, 1983), p. 8.
41. Tournier explains that human inexhaustible ambition aggravates their negative Han (Creative Suffering, pp. 10-11). For more discussion, refer to Ch. III of this dissertation.
42. David W. Augsburger, *Helping People Forgive*, p.61.
43. David A. Seamands, *Healing for Damaged Emotions: Recovering from the Memories That Cause Our Pain*,(IL: Victor Books, 1981), p. 63.
44. A. Sung Park, *The Wounded Heart of God: The Asian Concept of Han and the Christian Doctrine of Sin*, p.33.

"anger syndrome"으로 번역되며, 분노의 억제로 인해서 발생하는 것이다. 증상들은 불면, 피로, 공황, 임박한 죽음에 대한 두려움, 우울한 정동, 소화불량, 식욕부진, 호흡곤란, 빈맥, 전신동통 및 상복부에 덩어리가 있는 듯한 느낌 등이다.[45]

이렇듯이 죄악과 한은 인간을 갇히게 하고 거짓 자기로 만든다. 그러나 세상의 한과 악을 대항하고 이길 수 있는 길은 우리가 하나님 형상인 참 자기로 드러나는 것이다. 그리스도 안에 있는 생명의 성령은 우리로 그리스도와 동일한 형상을 이루는 참 자기로 거듭나게 해 준다.

45. *정신장애의 진단 및 통계편람*, 4판, (서울:도서출판 하나 의학사, 1994), p. 10883.

4. 피카소의 자화상: 짐승의 얼굴과 하나님의 얼굴

파블로 피카소(Pablo Picasso)는 몇 세기에 한 번 나올까 말까 한 천재적인 예술가로 알려져 있다. 그는 자기의 본질인 하나님의 형상보다는 죄악에 팔린 짐승의 형상에 사로잡혀 살 때가 많았다. 어두운 세력에서 완전히 벗어나지 못하였지만, 창조적인 그림 세계를 통해 진정한 자신을 통찰해 보았다.

피카소는 1881년 10월 25일, 산파의 실수로 거의 사산아로 태어나 버려졌는데, 그의 삼촌이며, 의사였던 돈 살바도(Don Salvador)가 그 자리에 있어서 피카소를 죽음 직전에서 살려냈다.

그가 14세였을 때, 그의 여동생 콘치타(Conchita)가 디프테리아로 죽어가자 그는 신이 여동생을 살려 주시면 감사의 표시로 그림을 그리지 않겠다고 하였다. 그러나 이 협상이 거절되자 그는 자신을 기만하는 반항아가 되어 어떤 개인적, 직업적 삶도 마음대로 살기로 하였다. 그는 이러한 반항에 깊은 죄책감을 느끼기도 하였다.

피카소는 말로 할 수 없는 그의 대뇌 깊은 곳의 정서와 동기를

그림 II-2 〈게르니카〉, 파블로 피카소, 1937

여러 가지 그림으로 나타내며 참 자기를 찾고자 하였다.[46]

피카소의 걸작품 "게르니카(Guernica)"는 그가 세상에서 겪은 한 많은 인생을 붓으로 묘사하고 있다. 이 그림에 드러난 인간의 얼굴은 무력감, 공포, 슬픔, 죽음을 나타내고 있다. 그림 왼편의 깊은 슬픔에 잠긴 소의 머리에는 분노의 뿔이 칼날같이 돋아나 있다. 말에 짓밟혀 죽은 사람은 부서진 칼을 들고 있다. 그의 운명을 표시하는 손금은 죄로 물든 한 맺힌 어둠의 세력에 갇혀 살았던 피카소를 알려 준다. 그림 중앙에 놀란 말로부터 나오는 침은 마치 날카로운 창과 같다. 천장의 전등은 폭탄처럼 빛을 발하고 있다(그림 II-2).

한 사람의 인격을 알려면, 그 사람이 어떤 자아상을 가졌느냐를 보면 안다. 피카소는 스스로 자기를 "인신우두의 괴물"[47]이라고 불렀으며, 이는 그의 성인된 이미지로 부각되었다. 그의 친구들에 의해서도 괴물이라고 불리웠던 피카소는 "내가 죽는 것은 배가 난파하는 것과 같을 텐데. 거대한 배가 침몰할 때처럼 주변의 많은 사람들이 배와 함께 가라앉을 것이다"라고 말하기도 했다. 불행히도 그의 말은 사실이었다.

피카소는 그의 삶의 후반 50년 동안 그만을 섬겨야 되도록 강요했던 사람들에 둘러싸여 살았다. 그는 그를 사랑했던 사람들을 육체적으로 학대하는 데서 쾌감을 느꼈다. 그의 첫 아내 올가 코클로바는 정신 이상으로 1955년에 사망했고, 그가 무관심하게 대했던 연인인 마리 테레즈는 1977년에 목 메어 자살하였고, 그의 가장 지적인 정부인 도라 마는 신경쇠약에 걸렸고, 그의 손자는 피카소의

46. 사람의 대뇌 깊은 변연계(limbic system)는 후각과 정서, 동기와 행동 그리고 여러 가지 자율신경 기능을 포함하는데 이는 말로는 표현될 수 없고 냄새나 그림이나 상징으로만 표현이 된다.
47. Minotaur: 인간의 몸과 소의 머리를 가진 그리스 신화에 나오는 괴물

장례식에 참여함이 거절되자 표백제를 마심으로 자살했다. 피카소와 1961년 결혼한 두 번째 아내이며 미망인이 된 자클린 로크는 피카소의 작품 전시계획을 마친 저녁에 총으로 자살했다.

메리게도(Mery Gedo)는 피카소가 "비극 중독자"로 연약한 여인들에게 매력을 느끼며, "비극이 일어날 때까지 그는 그들의 삶에 남아 있었다"라고 했다. 피카소의 어머니는 첫 번째 며느리에게, "나는 어떤 여자라도 내 아들과 행복하게 살 수 있으리라고는 믿지 않는다. 피카소는 자기만을 위할 뿐 타인에게는 전혀 관심이 없기 때

그림 Ⅱ-3 〈연토〉, 파블로 피카소

문이야"라고 경고했다. 그는 자기도취와 어두운 한의 세력에 갇혀서 늘 거짓 자기로 괴로워하며 살았었다.

그의 죽음의 공포를 묘사한 다른 자화상에서 피카소는 평소에 원숭이로 그의 자아를 나타내었는데, 이 자화상에서 눈은 공포로 넓게 열려 있고, 충혈되어 있다. 눈 주위의 선은 그의 만성적인 공포를 드러내며 입은 목이 졸라져 괴성을 지르듯이 굳게 닫혀져 있다(그림 II-3).

그러나 그 본래의 자신은 하나님의 형상으로 만들어져 있기에 그는 그 모든 파괴성에도 불구하고 하나님을 향한 동경심을 보였다. 오스 기니스에 의하면, 피카소가 프랑스와즈 질로와 같이 생활한 지 3년째 되던 날에 그들은 프랑스 남부에 있는 앙티브에 있었는데 피카소가 질로를 교회로 데리고 가서 앞쪽 구석으로 안내했다. "이제 여기서 나를 영원히 사랑하겠다고 맹세하길 바라오"라고 피카소가 말했다. 그러자 질로는, "나 자신이 그 정도까지 헌신하길 원한다면, 그건 어디에서나 맹세할 수 있어요. 그런데 왜 하필이면 여기서죠?"라며 되물었다. "그저 아무 데서나 하는 것보다 여기서 하는 게 더 낫다고 생각하오"라고 그가 말했다. "여기서든 다른 어떤 곳에서든 다 마찬가지예요"라고 그녀는 대답했다. 피카소는 이렇게 말했다. "아니, 아니오. 글쎄, 물론 그 말이 맞소. 그건 다 마찬가지요. 하지만 이건 그런 것들 중 하나요. 어떻게 될지 누가 알겠소. 그 모든 것이 교회와 연관이 있을지도 모르지 않소. 그 모든 걸 조금은 더 확실하게 해 줄 수도 있으니까. 그럴지도 모르지 않소?" 그래서 질로는 맹세를 했으며, 그는 만족스러워하는 표정이었다고 그녀는 회고했다.[48]

---

48. 오스 기니스 지음, 홍병룡 옮김, 소명,(서울: IVP), p.143

그림 II-4 〈인신우두의 괴물상〉(Minotaur Image), 파블로 피카소, Paris, Galleria Berggruem

하나님의 형상이 훼손된 사람이 "선을 행하기 원하는 나에게 악이 함께 있는 것"을 고백하듯이 피카소의 다른 자화상에 보면 그림 속에 인신우두의 괴물인 그의 짐승 형상의 거짓 자기 옆에, 그의 참 자기인 그리스도의 형상이 밝히 드러나 보인다. 짐승의 형상에 사로잡힌 거짓 자기는 그의 삶을 어둠 속으로 몰고 갔다. 그러나 그의 영혼은 하나님의 형상인 본래의 자기를 부인할 수 없었다. 다음 "그림 II-4" 를 참조하기 바란다.

그리스도가 생명인 참 자기는 성령 안에서 그리스도와 동일한 형상을 이루어 간다. 그리스도를 닮은 자기는 하나님 자녀의 영광의 자유를 누리며, 성령의 열매들, 곧 "사랑과 희락과 화평과 오래 참음과 자비와 양선과 충성과 온유와 절제"를 결실한다. 그러나 짐승을 닮은 거짓 자기는 육체의 일, 곧 "음행과 더러운 것과 호색과 우상숭배와 주술과 원수 맺는 것과 분쟁과 시기와 분냄과 당짓는 것과 분열함과 이단과 투기와 술 취함과 방탕함과 또 그와 같은 것들" 속에 갇혀 있다(갈 5:19-23). 성령의 열매는 생명되시는 그리스도로부터 나오기에 싱싱한 열매를 맺고 거짓 자기는 그 안에 생명이 없으므로 냄새나는 육체의 일을 저지른다. 다음 "그림 II-5" 와 "그림 II-6" 을 참조하기 바란다.

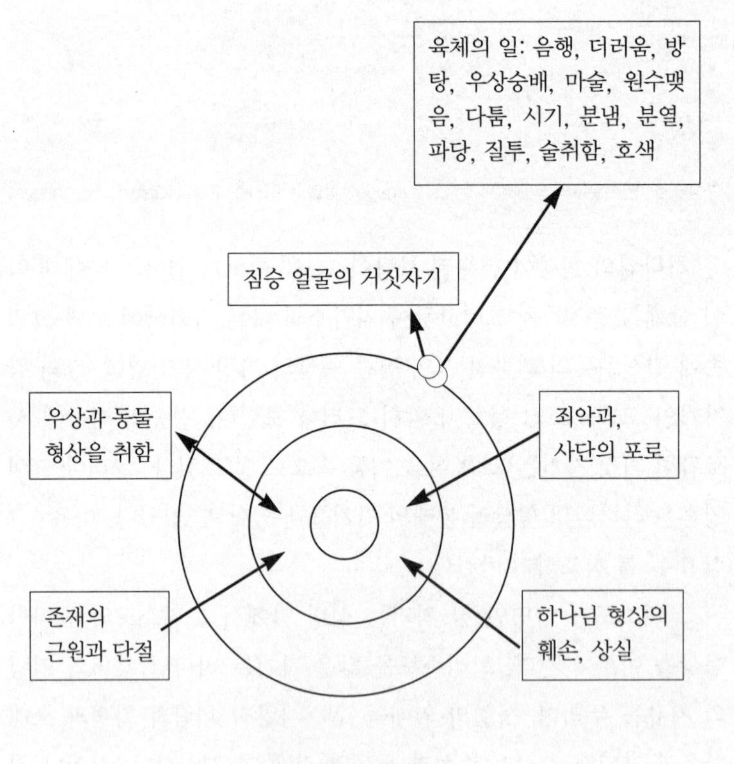

그림 II-5 짐승 형상

존귀에 처하나 이것을 모르는 자는 멸망하는 짐승과 같다. 자기 존재의 근원인 하나님을 떠나 자신을 하나님의 위치에 두었던 느부갓네살 왕은 하나님의 형상을 잃고, "짐승의 마음"을 받아 "사람에게서 쫓겨나서 들짐승과 함께 살며 소처럼 풀을 먹으며 하늘 이슬에 젖고 머리털이 독수리 털과 같이 자랐고 손톱은 새 발톱"과 같았다(단 4장). 오늘날도 영적으로 짐승처럼 사는 사람을 주위에서 흔히 볼 수 있다.

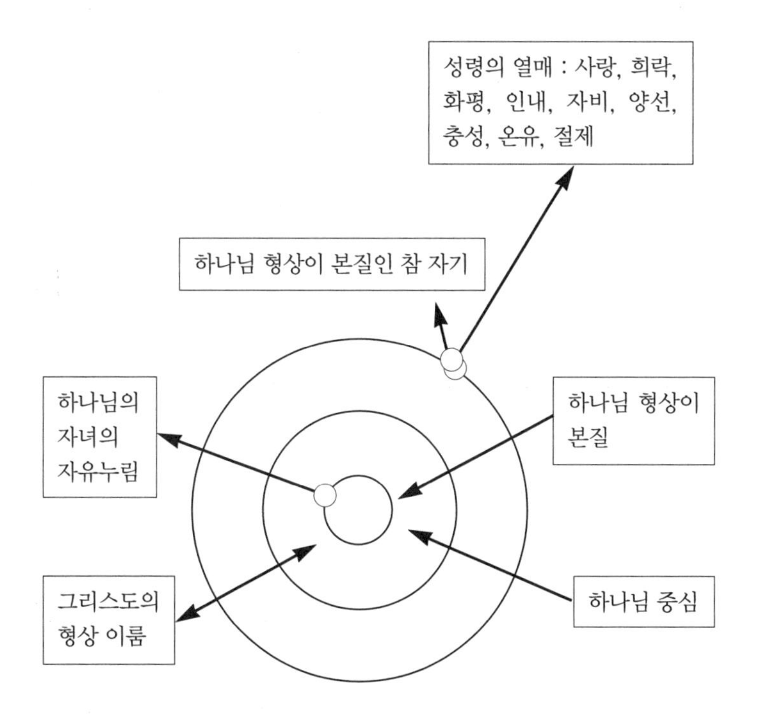

그림 II-6 하나님 형상이 본질인 참 자기

하나님이 사는 참 자기는 그 눈동자에 하나님의 형상이 어리지만, 썩을 짐승의 형상인 거짓 자기는 그 눈에 짐승의 모습이 비친다. 컴퓨터 화면에 떠 있는 인터넷 형상(icon)을 누르면 인터넷이 나오듯이 하나님의 형상인 참 자기는 하나님을 드러내 보인다.

제3장
본래의 나:
하나님의 형상

1. 하나님의 형상인 참 자기

나폴레옹 전쟁 중 부상을 입은 한 프랑스군 병사가 수술을 받게 되었다. 군의관이 그를 수술하려 할 때, 그는 다음과 같이 군의관에게 말했다. "당신이 내 몸을 절개하면, 황제의 이름을 발견할 것입니다." 그리고 "만일 당신이 수술시 나를 충분히 깊게 열어 보면, 그곳에서 하나님의 이름을 발견할 것입니다"라고 하였다. 인간 존재의 깊은 곳에서 우리는 하나님의 형상을 볼 수 있다.

나는 병원에서 고통하며 임종을 앞두고 있던 84세의 킹 여사를 방문한 적이 있었다. 옆에서 간호하고 있던 그녀의 두 딸에 의하면 그녀의 어머니는 종교를 가졌던 분은 아니었는데, 이제 세상을 떠나면서, "나는 천국에 가기를 원한다. 하늘 문을 열어다오"라며 하늘문이 보이니 병원원목을 불러 자신을 위해 기도해 달라고 한다는 것이었다. 내가 그녀에게 다가가 그녀의 영혼을 주님의 손에 부탁했을 때, 그녀는 모든 짐과 고통에서 해방되는 듯이 스스로 자신을 지탱하던 산소호흡기를 제했다. 그녀의 얼굴에는 하늘의 평화가 감돌았다.

스티븐 포스트(Stephen Post)에 의하면, 자식을 포함한 객관적인 것을 알아보지 못하는 심한 치매에 걸린 사람도, 인지를 넘어선 영혼의 더 깊은 곳에서, 무의식적으로 자기가 누구인가를 상징적으로 나타낸다. 치매로 고개를 떨구며 침을 흘리던 분들도, 그들을 진심으로 돌보던 한 자원 봉사자가 보이는 아가페 사랑의 본질에 기쁜 반응을 보였다.

나는 어느 날, 병원에서 수술 환자들이 있는 병실을 돌아보며 위로하고 있었다. 한 병실에 들어갔을 때, 약 60세 가량의 여성이 파랑색의 큰 눈으로 평화롭게 나를 반겨 주었다. 그 평화로운 눈빛이 내 눈에 부셨다. 그녀의 옆에는 24시간 간호해 주는 청년이 있었다. 그녀는 뇌출혈로 쓰러져서 스스로 몸을 돌볼 수도 없고 말도 더듬거렸지만, 그녀의 얼굴은 천사같이 빛났다.

신경외과 의사인 와일더 펜필드(Wilder Penfield)는, 환자의 의식이 있는 상태에서 뇌를 해부하여, 약한 전기자극을 대뇌피질에 주었을 때 환자로 하여금 자신이 지각하는 것을 말하게 하였다. 그런데 펜필드가 환자의 손발을 움직이게 하거나 과거의 특정한 어린 시절의 경험을 이야기하게 하는 뇌의 부분을 건드렸을 때, 그 조사를 받고 있는 사람은 "네가 그렇게 했다. 나는 하지 않았다"라고 응답하곤 했다. 펜필드는 전기자극의 탐사로 이 '나'를 찾아보려 했으나 찾지 못했다. 그는 결론 내리기를 마음의 이러한 양상은 뇌의 모든 다른 양상들과는 별개인 '구별된 실재' 안에 존재한다고 하였다.[49] 많은 노벨상 수상자들과 학자들이 이 주장을 뒷받침해 주고 있다.

49. James Loder, *The Transforming Moment*, (Colorado Springs: Helmer & Howard, Publisher, Inc., 199), P. 75.

이 구별된 실재 안에 존재하는 '나'는 하나님의 형상으로 지어진 나의 영과 관련된다. 하나님의 형상인 '나'는 내 영혼과 몸의 주체이다. 삶은 신경 단위인 뉴론이 경험하는 것이 아니요 영혼과 육의 주체로서 하나님의 형상인 참 자기가 경험한다.

지금으로부터 이천 년 전 중국의 한 시인이 별이 총총히 빛나는 저녁에 산에 올랐다. 높은 산 위에 오르니 별들이 팔을 뻗치면 곧 손에 잡힐 것만 같았다. 그러나 감히 하나님이 두려워 그러지 못하겠노라고 노래했다.

C. S. 루이스는 『순전한 기독교』에서 말하기를, "나라는 인간을 열어 보았을 때, 제가 발견한 것은 '나는 독립적인 존재가 아니며 어떤 법칙 아래 있는 존재라는 사실이다. 즉 내가 일정한 방식으로 행동하기를 원하는 누군가 또는 무언가가 있다는 사실입니다"라고 하였다.[50]

사람을 의미하는 라틴어 '호모 사피엔스'(Homo Sapiens)란, 우리가 이성과 감성과 도덕을 가지고 위를 우러러보며 사는 것을 묘사한다. 힌두교인들은 상대방의 눈을 바라보며 양손을 합장하여 얼굴 가까이에 대고 "나는 당신 안에 있는 하나님을 봅니다"라고 인사한다. 하나님의 형상인 사람의 본질은 하나님 형상의 빛 안에서만 이해될 수있다.

"우리의 형상을 따라 우리의 모양대로 우리가 사람을 만들고"(창 1:26)라고 하신 말씀은 "우리의 형상대로" 또는 "우리의 이미지가 되게 우리가 사람을 만들고"라고 해석될 수 있다. 그러므로 클라인은 말하기를, 사람이 하나님의 형상을 가진 것이 아니요 사람이 하나님의 형상 안에 만들어진 것도 아니라, 그 사람 자체가 본래 하

---

50. C.S. Lewis, 장경철, 이종태 옮김, *순전한 기독교*, (서울:홍성사, 2001), p.57.

나님의 형상이라고 주장한다.[51]

하나님을 알 때 하나님의 형상인 참 자기를 알게 되므로, 성 어거스틴은 "하나님, 나로 하여금 당신을 알게 하시고, 나 자신을 알게 하소서" (Deus, noverim te, noverim me)라고 기도하였고,[52] 또한 참 자기를 알 때도 하나님을 알 수 있으므로, 그는, "만약 내가 나를 볼 수 있다면 나는 당신을 볼 수 있을 것입니다"라고 하였다.[53] 또 그는 말하기를 "내가 내 안으로 들어가면 나의 하나님을 만나고 내가 하나님 안으로 들어가면 나를 만납니다"라고 하였다.

하나님의 형상대로 창조된 인간은 이성이나 감성 또는 그리스 철학에서 말하는 영혼을 넘어서서, 하나님과 동일한 본질인 영을 소유한 존재이다. 금과 흙은 하나될 수 없으나 금과 금은 하나될 수 있듯이, 하나님의 형상과 하나님은 같은 성질이므로 연합될 수 있다. 구주 예수 그리스도는 이 땅에서 우리를 위해 마지막으로 기도하실 때, 우리가 하나님과 하나 되게 해달라고 간구하셨다. 사람은 존재의 근원(고전 1:30)과 생명인 하나님과 연결될 때에 비로소 온전히 살아난다.

아시시의 프란시스(Francis of Assisi)는 사랑하는 "하나님이 보시는 인간은 하나님과 같으며, 그 이상은 아니다."라고 말했다. 텔레비전이 화상을 일그러뜨리듯이 우리의 죄악이 하나님의 형상을 왜곡하였을지라도, 그 형상을 완전히 잃어버린 것은 아니다. 하나님은 노아와의 약속에서 "다른 사람의 피를 흘리면 그 사람의 피를 흘

---

51. D.J.A. Clines, "The Image of God in Man," *Tyndale Bulletin*, 19/1968, p.80.
52. Augustine, Soliloquies, 2.1.1. in The *Nicene and Post Nicene Fathers*, Vol. 7, (Peabody, Mass: Hendrickson, 1994), p.547: "May I know you, may I know myself. That is my prayer."
53. Augustine의 원문 번역, Natalie Duddington, quoted in S. L. Frank, *God with Us*, (Yale University Press, 1946), p.80

릴 것이니 이는 하나님이 자기 형상대로 사람을 지으셨음이니라"(창 9:6)고 하셨다. 신약 성경에서 야고보는 "하나님의 형상대로 지음을 받은 사람을 저주"하는 것에 대해 경계를 하였다(약 3:9). 사도 바울은 창조 질서에 관해 이야기하면서 남자는 "하나님의 형상과 영광"이라고 하였다(고전 11:7).

존 칼빈은 욥기 11장 설교에서 욥이 자신이 태어난 날을 저주함으로써 결국 생명의 선물을 만끽하지 못하는 태도를 나무라면서 "하나님은 지으신 모든 인간 안에 자기의 형상을 새기셨습니다"라고 강조하였다. 하나님의 형상으로 지어졌기에, 다윗은 다음과 같이 고백했다. "나의 하나님이여 내가 주의 뜻 행하기를 즐기오니 주의 법이 나의 심중에 있나이다"(시 40:8).

하나님의 형상은 우리 인간의 영혼 속에 분명히 보여 알게 된다. 죄악으로 손상된 인간 속의 하나님의 형상을 보면서 칼빈은 "인간의 그릇되고 타락한 성품 속에 어떤 불꽃들이 아직도 타오르고 있다."라고 지적했고, 프랜시스 쉐퍼는 인간을 "영광스러운 페허"라고 하였다. 하나님의 형상은 토마스 켈리에게는 인간 존재의 "중심(center)", 존 샌포드에게는 "모든 사람 안에 있는 그리스도의 보편성"이며,[54] 조지 폭스와 퀘이커교도들에게는 모든 사람 안에 있는 하나님의 어떤 것이다.

다음은 28세 된 미국 중서부의 완고한 가정에서 무남 독녀로 자라난 그레첸(Gretchen)의 이야기이다. 그녀는 큰 도시에 저널리즘을 공부하여 학위를 얻고자 왔다. 가정에서는 받아들여지지도 않았고 사랑도 경험하지 못하였기에 성을 통해 다른 사람들로부터 애정을 얻는 것을 배웠다. 그녀는 고향에서 성적으로 난잡한 생활을 했고,

54. John A. Sanford, *The Kingdom Within*, p. 34.

마약에 취하여 고등학교 축구부원들의 절반되는 남학생들과 잠을 같이 자기도 하였다. 여러 환경을 지나면서 그녀는 신문기자가 되기로 결심하였다. 그녀는 세상, 특히 남자에 대해 냉소적이 되었고 그녀 자신은 종종 우울과 분노 속에 고뇌하고 있었다. 마약을 시작하였을 때 이것이 자신을 본질적으로 파괴시키고 그녀를 더 우울하게 하는 것을 알았다. 그녀가 학비를 조달하기 위해 창녀의 일까지도 했을 때 그녀는 한 친구를 만나 교회에 나가기 시작했다. 소그룹에서 사람들이 성실하게 서로 돌보는 것을 보면서 많이 놀랐다. 친구의 권유로 기독교 상담 심리학자를 만나 상담을 하게 되었다. 처음에는 말하기 어려웠으나 그녀는 자신의 더러운 과거와 난잡했던 성생활 그리고 남자들과 자신에 대한 혐오를 이야기하였다. 그 독을 내어 놓는데 여러 달이 걸렸다. 그녀는 자신의 비참한 초상화를 그리며, 그녀 자신은 나쁘고 썩었고 혐오스럽고 더럽다고 한탄했다.

6개월이 지난 어느 날, 그녀는 상담가에게 "어떻게 나를 참고 계세요? 당신은 내가 보지 못하는 다른 것을 봅니까?"라고 물었다. 상담가는 손가락으로 그녀를 가리키며 다음과 같이 이야기한다: "나는 인격 깊숙이 중심이 좋은 그레첸을 보고 있습니다. 나는 그것을 확신합니다. 내가 처음 당신을 만났을 때 나는 당신의 따뜻함을 느꼈습니다. 나는 당신에게 끌렸습니다. 나는 당신을 좋아했습니다. 나를 매혹했던 당신의 인격적인 온정은 당신이 성으로 고객을 끌어당기는 데 매력을 주었던 같은 근원이었습니다. 그 온정은 속 깊은 곳에 있는 것이고 당신에게 주어진 특질입니다. 어떻게 그레첸의 그 중심을 사용할 수 있을까 그것이 문제입니다."

이것이 그레첸에게 삶의 전환점이 되었다. 자신에 대해 어둡고 부정적 신념을 갖게 한 그녀 중심의 특질은 사실 좋은 것이고 창조적이고 성장하는 데 사용할 수 있는 것임을 느끼고 알았다. 그녀의 중심에 좋은 특성이 있는데 거짓 신념과 거짓 자기에 가려서 그녀는 진정한 자신을 밝게 보지를 못하고 살아왔던 것이다.[55]

한편, 인간은 본질적으로 참된 하나님의 형상이라고 말할 수 있지만, 하나님을 마음과 정성과 뜻과 힘과 목숨을 다해 사랑하며 순종할 때, 우리에게 하나님의 형상이 온전히 이루어진다. 예수 그리스도는 하나님의 형상의 본체시나 인간의 몸을 입으시고는 고난받고 죽기까지 아버지께 복종함으로 온전하게 되었다. 죄인들을 위해 목숨을 바친 그리스도는 온 인류의 죄악을 짊어지고 십자가에 못 박힌 후에 죽음을 이기고 부활하셨고, 영원한 구원의 근원이 되셨다.

55. Orlo Strunk, Jr. *The Secret Self*, (Nashville: bingdon, 1976), pp. 91-93

2. 하나님의 형상의 의미

"하나님의 형상과 영광"(고전 11:7)인 사람은, 하나님의 형상의 복제 또는 반영으로, "그 형상은 동전에 새겨진 왕의 두상과 같이 직접적 모방의 결과일 수도 있고, 또는 아이가 부모의 용모를 닮는 자연적 원인일 수 있지만, 어떤 경우도 그것은 그 원형에서 나와 있다."[56] 그러므로 하나님의 형상대로 지어진 인간 최초의 선조 아담은 "하나님의 아들"로 불렸다(눅 3:38, KJV). 그후 하나님의 진정한 아들인 예수 그리스도는 하나님의 형상의 본체로서 인간의 몸을 입고 우리에게 오시어 그의 형상대로 지어진 우리가 본래 누구인지 바로 보여 주셨다.

하나님의 형상은 하나님의 특질이나 개성(Person-hood), 사랑과 거룩함, 진실과 아름다움, 순결한 의, 참된 경건, 감성과 의지, 지성과 창조성 같은 능력 등을 포함하며 하나님은 우리를 창조시 자신의 특질들을 전달해 주셨다. 라이리(Ryrie)에 의하면, 사람은 하나님

56. J. B. Lightfoot, *Colossians and Philemon*, (IL: Crossway Books, 1997), pp. 72-73.

의 본래의 모양(natural likeness)과 도덕적 모양(moral likeness)으로 창조되었다. 그런데 사람이 범죄한 후에 그 결백성인 도덕적 모양은 잃어버렸으나 그 지성, 감성, 의지인 그 본래의 모양은 보유하고 있다.[57] 그러므로 우리의 본질과 지성과 감성과 의지 속에서 우리 존재의 원천인 전능하신 하나님의 존재를 힐끗 볼 수 있다.

특별히 하나님의 형상은 상호관계성에 있다. 하나님의 이름은 "나는 스스로 있는자(I Am Who I Am)"와 "나는 누구일 것이다(I Will Be Who I Will Be)"로서, 하나님은 우리와 깊은 존재론적 관계 속에 있다. "나는 누구일 것이다"라는 하나님 이름 속에는 깊이와 높이와 길이와 폭이 있다. "나는 스스로 있는자(I Am Who I Am)" 와 "나는 누구 일 것이다(I Will Be Who I Will Be)"라는 하나님 이름 뒤에는 하나의 공란이 남겨져 있는데, 이는 하나님과 상호 관계 속에 존재하는 우리가 무엇이나 간구하는 것을 그 공란에 넣으면 하나님이 역사하심을 경험할 수 있다.

우리가 사망의 골짜기를 걸을 때, 하나님 이름 뒤 공란에 생명이란 단어를 기도로 새겨 놓으면, 하나님은 우리의 생명이 되어 우리의 영혼을 소생시키신다. 우리가 의심할 때 믿음을 주시며, 우리의 환난 중에, 그는 우리의 피난처가 되시며, 우리가 불안할 때 하나님은 우리의 평강이 되시며, 우리가 슬플 때, 하나님은 우리의 기쁨이 되어 주시고, 우리가 약할 때, 우리의 강함이 되시며, 우리가 외로울 때 우리의 영원한 사랑이 되어 주시며, 우리가 죽을 때, 부활 생명이 되어 주신다. 예수 그리스도 안에서 하나님은 우리에게 길과 진리와 생명과 지혜와 의와 거룩함과 구원이 되신다. 이렇듯, 하나님 형상은 상호 관계(Reciprocal Relationship) 속에 존재한다. 내가 나의 삶

57. *King James Bible Commentary*, pp.16-17.

의 한 부분을 쉽게 받아들이기 힘들었을 때, 나를 위해 보혈을 흘린 그리스도께서 곧 나를 나 자신과 화해하게 하셨고, 내 영혼은 주님께서 주시는 평화와 기쁨으로 가득 찼다.

예수 그리스도는 우리 죄인을 불쌍히 여기시며, 정결케 하시고, 의롭게 하시며, 죄와 타협하지 않는 생명의 길, 바른 길로 가게 인도하여 주신다. 이렇듯, 하나님 형상은 상호 관계(Reciprocal Relationship) 속에 존재한다. 우리는 본래 하나님 아버지와 자녀된 관계 속에 존재한다. 예수 그리스도가 보여 주신 아버지와의 관계가 하나님 자녀인 우리가 창조된 원래의 형상이기도 하다. 예수 그리스도는 아버지와 자녀 관계의 원래 형상인 원형이 되신다.

거룩한 주님의 지체요 성령의 전이 된 우리의 몸 역시 하나님의 신성의 어떤 특성들을 반영하고 있다. 성경에는 하나님에 대하여, "귀를 지으신 이가 듣지 아니하시랴 눈을 만드신 이가 보지 아니하시랴"라고 묘사하였다(시편 94:9). 마치 십자가의 형태를 닮은 듯한 사람의 얼굴은 하나님의 지혜와 사랑을 나타내며, 보이는 세계와 보이지 않는 세계를 이어 주는 지평선이 되기도 한다.

인간이 굳어진 마음으로 느끼지 못할지라도 우리의 인격체인 몸은 눈물을 흘린다. 폴 뚜르니에는 다음과 같이 말한다. "한 젊은 청년이 친구의 자살에 대한 자신의 반응에 대해 내게 말해 주었다. 그는 자신이 분리되는 듯한 느낌을 받았다. 마음은 무감각해졌으나 육체는 울고 있었고, 울고 있는 육체를 보고 있을 때 마음은 마비가 되었다는 것이다. 분명히 그의 육체는 그의 인격에 관한 진실을 표현하고 있었던 것이다."

하나님의 형상인 우리의 영은 몸을 입은 실체이다. 1세기 유대인 철학자 필로(Philo of Alexandria)는 신의 형상이 사람의 영혼 속에도 있고 물질적인 몸 안에도 나타난다고 하였다. 로마 시인 오비드는, 신의 형상의 자리는 인간의 영혼이지만, 하나님의 영광이 사람의 외적인 모양에 드러난다고 노래하였는데 칼빈도 이에 동의를 하였다. 칼빈은 하나님의 형상 안에 창조된 "인간의 본질이 모든 동물들을 넘어서서 완전히 뛰어난 것이 명백하다"라고 선포하며, "사람의 요소 요소에, 그 몸까지도, 하나님 형상인 영광의 어떤 광선을 비추지 않는 곳이 없다"라고 조심해서 말하였다. 형상은 사람의 참된 지식과 의와 거룩함과 전인격을 통해 드러난다. 그는 또 기록하기를, "하나님의 완전한 본성이 각 사람 안에 보인다; 그들의 유일한 차이점은 각자가 그 자신의 독특한 존재를 가지고 있다는 것이다"라고 하였다.[58]

사람이 이 땅을 떠날 때 육신이 영혼과 분리되는 기간이 있지만, 궁극적으로 영원한 우리의 본향 천국에서는 우리가 영적인 몸을 가져 개인의 독특한 특징을 잃지 않고 서로 알아 볼 수 있게 될 것이다.

러셀 켈퍼(Russell Kelfer)는 다음과 같은 시를 썼다.[59]

> 당신이 당신이 된 것은 이유가 있지요.
> 당신은 하나님의 신묘막측한 계획의 한 부분이에요.
> 당신은 소중하고 완벽하고 독특하게 만들어졌으며
> 하나님은 당신을 그분의 특별한 여자와 남자로 부르고 있죠.
>
> 존재의 이유를 추구하는 당신.
> 그러나 실수하지 않으시는 하나님.

---

58. John Calvin, *The Institutes of Christian Religion*, I. Xv. 3.; I, III. 19
59. 인용. *목적이 이끄는 삶*, 릭 워렌, 도서출판 디모데, 2004, pp. 33-34

어머니의 자궁 안에서부터 손수 당신을 지으신 그분,
그러기에 당신은 그분이 원하는 바로 그 사람이지요.

당신의 부모님도 그분이 선택했어요.
지금 당신이 어떻게 느끼든
하나님의 빈틈없는 계획대로 그들을 선택하사
그들의 손에 주님의 확인 도장을 찍어 주신 것이죠.

물론 당신이 당한 고통은 견디기 쉽지 않았겠지만
하나님 역시 당신이 마음 상했을 때 눈물 흘리셨어요.
하지만 그것을 통해 당신의 마음이
하나님의 형상을 따라 닮아가고 성장하길 원하셨죠.

당신이 당신이 된 것은 이유가 있지요.
주님의 지팡이로 지어진 당신.
당신이 사랑받는 당신이 된 이유는
하나님께서 계시기 때문이죠.

3. 하나님을 대면하고 있는 참 자기

참된 자기를 찾기 전까지, 이로퀘이스(Iroquois) 국민들은 몹시 사납고 폭력적인 사람들로 이웃 부족과 계속 전쟁을 하여 왔다. 그들 중에 용감한 사람들은 전사가 되기 위해 양육되었고 그들의 부족들은 전쟁을 치르도록 조직되었다. 그들의 문화는 습격, 잠복, 사나운 승리의 신화와 가치들로 형성되었다.

그때 하나님의 사도가 와서 그 마을을 지나 가장 위대하고 피를 많이 흘린, 사람을 먹는 사람의 집으로 가서, 그 지붕 위로 올라가 굴뚝을 통해 아래로 내려다 보고 있었다.

그 식인종은 그의 희생자 중의 한 잘라진 몸으로 어떤 의식적 축연을 준비하고 있었다. 그는 그 사람의 몸을 먹으므로 그의 희생자의 힘을 받게 될 것이다. 큰 그릇이 불 위에 놓여졌는데, 굴뚝을 통해 아래로 내려다 보고 있는, 하나님의 사도의 얼굴이 그릇 표면의 기름에 완전하게 반사되었다. 사람을 먹는 사람이 그 반사되는 얼굴을 보고는 그 얼굴에서 솟아나는 고상함을 보고서 아주 놀랐다.

그 고상한 얼굴은 아마도 그동안 죄악 속에 묻혀 왔던 하나님의 형상의 그의 참 자기를 기억나게 하였을 것이다. "저것이 나의 얼굴이다"라고 그는 혼자 말하며, "이 얼굴은 다른 사람을 죽여서 그들의 힘을 훔치기 위해 그들의 육체를 먹는 사람의 얼굴이 아니야! 저것은 사람들을 함께 이끄는 얼굴이요, 전쟁이 아닌 평화를 만드는 자의 얼굴이야"라고 외쳤다.

그는 요리하던 그릇을 움켜잡고 밖으로 쏟아 버렸다. "이제 다시는 사람의 생명을 취하거나 다른 사람의 힘과 영을 훔치는 일은 결코 하지 않을 것이다"라고 그는 달려온 많은 사람들에게 다짐하였다. 그리고 이 사람은 하나님의 형상인 참 자기로 드러나기 시작하면서, 하이어와사(Hiawatha: 롱펠로우의 시에 나오는 아메리카 인디언의 영웅) 영웅, 치유와 평화를 가져오는 하나님의 영광이 되었다.

사람은 자기 자신도 누구인지 알지 못하고 어두운 한 속에 한숨쉬며 살아가다가, 영혼을 상실하고 죽음의 공허와 절망 속에 빠질 수 있다. 그러나 이때 상실과 죽음까지도 무효화하고 치유 변화하는 거룩한 하나님의 얼굴을 뵐 때, 우리는 진정한 자기의 얼굴을 찾게 된다.

제임스 로더(James Loder)에 의하면, 인간의 존재는, 사람이 몸을 입고 사는 환경과 자아, 비존재의 가능성과 새 존재의 가능성인 네 가지 차원을 수반한다. 첫째는 사람이 몸을 입고 살아가는 세상이 있고, 둘째는 살아가는 세상의 위협을 받지 않고 오히려 세상을 고쳐 만드려는 자유 선택을 하는 자아가 있다. 이 자아는 그 존재의 근원(Source) 안에 뿌리를 내리지 않고는 생명력 있는 자아가 될 수 없다. 인간 존재에 수반되는 세 번째 차원은 아예, 자신의 근원으로부터 단절되어 자기 존재가 없어지는 것이다. 여기에는 자신의 창조자로부터 단절된 부재(absence), 외로움 그리고 죽음의 허무들이 있다.

자기 존재와 생명의 근원으로부터 단절된 텅빈 자아는 비참하게도 외적인 성취를 달성함으로 텅빈 자아를 끊임없이 채우려고 하나 더 큰 외로움과 상실감 또는 공허를 느낀다. 하나님은 무에서 유를 만들지만, 악은 유를 무로 돌리려고 한다.

시인 데니스 레버토브(Denise Levertov)는 공허 속에 추락할 순간도 그녀를 붙들어 주는 '영원하신 팔'에 대해, 그녀의 시 "공중에 정지하다"(Suspended)에서 다음과 같이 노래한다:

> 나는 공허 속에서 하나님의 옷자락을 잡았다.
> 그러나 나의 손은 그것의 화려한 비단에 미끄러져 버렸다.
> 내 누이가 되새기기를 좋아했던 그 '영원하신 팔'이
> 나의 무거운 체중을 추락하는 데서 붙들고 계심이 틀림없다.
> 비록 추락하더라도 내가 허공을 손으로 더듬어도
> 아무것도 잡히는 것 없고, 포옹도 없지만,
> 나는 나락으로 떨어지지 아니하였다.[60]

우리 존재의 네 번째 차원에서, 우리는 그리스도가 생명인 참 자기의 중심에서부터, 허무를 몰아내고 절망을 소망으로, 죽음을 생명으로 바꾸는 것을 성령 안에서 경험한다. 다윗은, "그는 넘어지나 아주 엎드러지지 아니함은 여호와께서 그의 손으로 붙드심이로다." 라고 노래했다(시 37:24).

인간의 본질은 본래 하나님의 형상이다. 사람이 자기 존재의 근

60. Denise Levertov, *Evening Train*, (NY: New Directions Books, 1992), p. 119.

원과 분리되어 공허함을 뼛속 깊이 느끼는 순간, 이 절박함 속에서 그 영혼이 하나님을 향하여 비상하게 되고, 새 존재(new being)가 화산처럼 분출한다. 우리를 멸망시키려는 인생의 절망과 공허가 하나님의 얼굴로 채워질 때만 우리는 치유와 온전함을 경험하게 된다.[61]

바르트는 말하기를, "만일 사람이 그 자신에 진실하다면, 그는 자기를 창조하시면서 하나님 자신을 알게 하신 참 하나님을 대면하고 있는 자신을 발견할 것이다"라고 하였다.[62] 존재의 깊은 곳에서 하나님의 얼굴을 뵈올 때, 우리는 그의 얼굴에서 우리의 잃어버렸던 얼굴을 찾으며, 성령 안에서 그의 형상을 이루어 간다.

루이스의 책, 『우리가 얼굴들을 갖기까지』의 마지막 부분은 다음과 같이 말한다: "주님, 이제 나는, 당신이 왜 대답을 안 하시는지 압니다. 당신 자신이 그 해답입니다. 당신의 얼굴 앞에서 질문들은 사라져 버립니다."[63] 하나님의 얼굴을 뵈면서 잃어버렸던 우리의 영혼을 찾을 때, 슬픔은 기쁨으로, 절망은 소망으로, 한은 영광으로, 죽음은 영생으로 치유 변화된다.

욥은 예기치 못하게 사랑하는 자식들을 모두 잃고, 소유을 잃고 그의 몸마저 심하게 병들어 영혼의 어두운 밤을 지나게 되었다. 그는 이해하기 어려운 악을 경험하며 자기의 생일을 저주했다. 그런데 그가 인생의 한 맺힌 깊은 골짜기에서 진리와 사랑의 하나님 얼굴을 직접 뵈었을 때, 참 자기를 찾았다. 하나님을 직접 눈으로 뵈면서 성령 안에서 하나님의 얼굴을 닮아갔다.

야곱은 하나님과 대면하여 그와 씨름했을 때, 자신의 강함을 상

61. James E. Loder, *The Transforming Moment*, 2nd ed. 1989. pp.67-91.
62. Barth, CD IV/4, *The Christian Life*, (Lecture Fragments). p.120.
63. C.S. Lewis, *Till We Have Faces*, (New York: A harvest/HBJ Book, 1956), p. 308.

징하는 환도뼈가 위골되었다. 그러나 이러한 자기 부인을 통해, 하나님이 주시는 참 자기로 거듭났다.

바울은 미움과 혈기 속에 자신의 창조자를 핍박하며 살았으나 그리스도를 만남으로 그의 형상을 이루고, 천국을 건설하는 기둥이 되었다. 베데스다 못가에서 38년 동안 무력하게 누워 있던 의욕상실증 환자는 예수 그리스도를 만남으로 고침받고 온전케 되어 일어났다. 삭개오도 우울한 거짓 자기로 살았었으나 예수 그리스도의 얼굴을 보고는 그와 동일한 형상을 이루어 가는 참 자기로 드러났다.

우리와 함께하사 우리를 만나 주시는 예수 그리스도에 대하여 켈시는 다음과 같이 기록한다:

사울을 비롯하여 남녀들은 계속적으로 부활하신 예수를 경험했고, 그 만남에서 변화되었다. … 그리스도, 부활하신 분은 진짜이시며, 사도들과 신약 저자들의 시대나 오늘이나, 우리의 내적 외적 상실을 통하여 그는 우리의 삶을 어루만져 주시며 도와 주신다.[64]

『빛으로의 여행』(Journey into Light)을 지은 프랑스의 에밀 카이레(Emile Cailliet)는 대학 시절에 그리스도를 모른 채, 성경을 쓰레기처럼 집어던지며 영혼을 잃고 살았다. 그러던 중 세계 대전이 발발하자 전쟁에 나갔고 전투에서 그만 심한 부상을 입고 말았다. 장애가 된 몸으로 제대한 그는 학교 아파트에 돌아와 살면서 그의 불행한 인생을 비관하며 자살을 여러 차례 시도했다.

어느 날 그의 아내가 아기를 보다가 집으로 돌아와 다음과 같은 이야기를 했다. "제가 우리 아기의 유모차를 끌고 시내 거리를 가고 있었어요. 그런데 그 길은 자갈이 많아, 유모차를 끌 수 없어 방향을 바꾸어 길 옆 샛길로 갔어요. 그 긴 좁은 길을 따라 갔더니 광장

64. Morton Kelsey, *Resurrection: Release from Oppression*, (NJ: Paulist Press, 1985), p. 33.

에 한 우뚝선 큰 교회가 나타났어요. 푸른 잔디와 꽃 사이에 대리석으로 된 하얀 교회 계단을 따라 올라갔어요. 복도에 들어서니, 조용한 서재에 계시던 목사님이 저를 반갑게 맞아 주셨어요. 그의 얼굴은 마치 세상의 고난이나 전쟁같은 일은 전혀 모르거나 또는 완전히 그런 환난에서는 보호를 받으신 듯이 아주 밝고 평화로웠어요. 그런데 제가 안 것은 그분이 이번 전쟁에서 그의 아들을 잃었다고 해요. 또 그의 누이 동생도 죽어서 그녀의 장례 예배를 그가 친히 지난주에 교회에서 드렸다고 들었어요. 그분이 제게 이 성경책을 주셨어요."

이 말을 들은 남편 에밀이 "그 성경책 좀 줘 봐!" 하며 아내에게서 그 책을 잡아채듯 받아들고 밤새도록 쉬지 않고 단숨에 다 읽어 내려갔다. 그리고는 벌떡 일어나며, "이 책이 나를 이해해!"라고 큰 소리로 기쁘게 외쳤다. 그는 살아 있는 말씀인 그리스도를 만났고, 그 안에서 잃어버렸던 진정한 자기를 발견했다. 그후 그는 21세기의 위대한 크리스천 철학자가 되었다.

4. 너는 내 것이라

약 1세기 전 교회에서 자주 애창되었던 찬송가는 다음과 같이 시작한다.

> 내가 알고 싶은 것 한 가지가 있습니다.
> 그것 때문에 나는 종종 불안해집니다.
> 내가 주님을 사랑하고 있나요, 아닌가요?
> 내가 주님의 것인가요, 아닌가요?

필자는 외할머님만이 크리스천인 유교 집안에서 태어나서 하나님은 잘 모르고 살아왔다. 아홉 살쯤 되는 여름 방학에 형님과 함께 안동 도산서원 가까이 사시는 고모님 댁에 가게 되었는데, 그 곳에 가기 위해서는 낙동강을 건너야만 했다. 그 때는 칠 월 장마철이라 강을 오고 가는 나룻배도 끊긴 채 큰 홍수 물결만이 거칠고 무섭게 흐르고 있었다. 나는 가장 얕은 곳을 찾아 건너기 시작하였는데 강

중간쯤 왔을 때 그곳이 가장 위험한 곳임을 깨달았다.

거센 물결이 어린 내 몸을 휩쓸었을 때, 나는 '이것이 죽음이로구나' 하는 생각이 불현듯 나면서 칠팔 년 동안 살아온 일들이 영화필름처럼 내 눈 앞을 선명히 스쳐 지나갔다. '동네 친구 만식이도 물에 빠져 죽었지.' 라는 생각도 스치며 무섭게 죽음으로 빨려 들어가려는 무력한 순간이었다. 큰 물이 내 몸을 휩쓸려 하였고, 간신히 나의 오른쪽 엄지발가락 하나만 강바닥에서 언제 떨어질지 모르게 살짝 닿아 있었다. 그런데 그 순간, 형님께서 나의 손을 잡고 계셨지만, 형님의 손에서 나오는 힘이 아닌 어떤 강한 손이 나를 죽음의 강물에서 건지는 것을 느꼈다. 나는 주님을 그때는 몰랐었지만, 어린 마음에 직감적으로 한 가지 확실히 안 것은, 적어도 그 초자연적인 힘이 형님에게서 나온 힘이 아닌 것임은 분명했다. 그 당시 형님도 초등학생으로, 그 거센 강물 속에서 본인 혼자 몸을 지탱하기도 힘겨웠으리라. 나는 그 이상한 힘에 이끌리어 강을 건넌 후 '참으로 이상하다' 라고 감탄했지만 그 후에 모든 것을 잊고 지냈다.

8년 뒤에 대구에 있는 고등학교에 입학한 후, 괴테의 『파우스트』를 읽고 인간은 하나님으로부터 떨어져 살 수 없음을 느꼈다. 성경을 사고 싶은 마음에, 서점에서 처음으로 성경을 사게 되었다. 방에 돌아와서, 그 성경을 어디서부터 읽어야 할지 몰라, 적당히 중간쯤을 폈는데 이사야 43장이었다. 생전 처음으로 성경을 읽기 시작하였다: "야곱아 너를 창조하신 여호와께서 지금 말씀하시느니라. 이스라엘아 너를 지으신 이가 말씀하시느니라 너는 두려워하지 말라 내가 너를 구속하였고 내가 너를 지명하여 불렀나니 너는 내 것이라"(사 43:1).

아! 나를 창조하신 하나님이 계시고, 내가 그의 것이라는 사실을 아는 순간, 나는 기뻤다. 조지 맥도널드(George Macdonald)에 의하면, 지옥의 유일한 원리는 '나는 내 것이다!' 라고 했는데, 천국의 유일한 원리는 '나는 하나님의 것이다!' 이다. 나를 사랑하시는 하나님이 나와 인격적인 관계를 갖기 위하여 그의 것인 나를 지명하여 불렀다. 돔 바이스버거(Dom Weisberger)는 다음과 같이 이를 표현하였다. "인간 됨을 지키는 것은 인간을 마음과 육체의 혼합물인 이상적인 동물이라는 인간의 구체적 본질에 제한시키는 것으로는 충분하지 않다. 인간 됨을 지킨다는 것은 잭 브라운이나 질 스미스처럼 고유하고 바꿀 수 없고, 대체할 수 없는 의사를 가지고 있으며 하나님으로부터 사랑 받는 존재로서의 인간을 지킨다는 것이다. 일반적인 인간으로서가 아니라 이름을 가지고 있는 고유한 존재의 인간으로서 지키는 것이다."

계속해서 이사야 43장 2절에 "네가 물 가운데로 지날 때에 내가 너와 함께할 것이라. 강을 건널 때에 물이 너를 침몰하지 못할 것이며." 이 말씀을 읽을 때 문득, 팔구 년 전에 나를 죽음의 강에서 건져내신, 내가 알지 못했던 이상한 손길이 있었는데, 이제야 바로 하나님이 나를 구하셨음을 알았다. 풀지 못했던 수수께끼 같은 문제가 풀어졌다.

그 당시 필자는 매일 새벽 기도회에 참석하였었는데, 목사님의 설교 말씀을 들을 때 엠마오로 가던 두 제자처럼 마음이 뜨거워졌고(눅 24:32), 생수의 강이 내 몸을 통하여 시원하게 흐름을 경험하였다(요 7:38). 하나님의 말씀과 그 뜻 안에서 살 때 내 마음이 평안하였다. 각양 좋은 은사와 온전한 선물이 다 위로부터 빛들의 아버지로부터 내려옴을 알고 기뻤다.

하나님은 우리를 사랑하사 십자가에 죽기까지 하며 우리를 찾아 주셨다. 이제 방황은 끝났다. 다음의 작자 미상의 시에서도 이 점을 찾아볼 수 있다.

나는 숨바꼭질 놀이를 하는 아이지요.
나는 누군가를 기다려요.
이름을 부르며
"찾았다!" 고 말하는 그 누군가를.

주님, 당신께서 바로 그렇게 하셨지요!
당신께서 나를 발견하셨지요.

가장 어리석고 가장 슬픈 곳에서
오랜 원한 뒤에 숨어 있던 나를,
실망의 목소리에 눌리고 죄책감에 엉켜 있던 나를,
성공으로 숨이 막혀 있던 나를,
아무도 듣지 않는 흐느낌으로 목이 메어 있던 나를.

당신께서 나를 발견하셨지요.
나의 이름을 속삭이듯 부르며
"찾았다!" 고 하셨지요.
나는 당신을 믿는답니다.
당신의 말씀이 의미하는 바를 믿는답니다.

이제
내 속의 눈물이 울음 되어
뺨을 적십니다.
이제는

숨바꼭질 놀이를 그만 하렵니다.[65]

하나님은 우리의 고유한 성품과 본성을 알며 그 독특한 존재의 의미와 목적을 결정하신다. 비록 사망의 골짜기를 지나더라도 하나님의 것인 참 자기를 잃지 않으면, 우리 속에 착한 일을 시작하신 이가 그리스도 예수의 날까지 다 이루어 주신다.

디트리히 본회퍼(Dietrich Bonhoeffer)는 무고히 죽어가는 무수한 생명들을 살리려고 히틀러를 제거하려던 것이 탄로나 교수형을 받게 되었다. 감옥에서 그의 영혼이 방황할 때도, 하나님의 것인 참 자기를 확인하고는 평안함을 찾았다. 순교하기 전 본회퍼는 감옥에서 "나는 누구인가"라는 시를 써서 그의 사랑하는 친구에게 보냈다.

나는 누구인가?
남들은 가끔 나더러 말하기를
감방에서 나오는 나의 모습이
어찌나 온화하고 명랑, 확고한지
마치 자기 성에서 나오는 영주 같다는데

나는 누구인가?
남들은 또 나에게 말하기를
감시원과 말하는 나의 모습이
어찌나 자유롭고 친절, 분명한지
마치 내가 그들의 상전과 같다는데

65. 데이비드 칼슨 지음, 이관직 역, 게리콜린스 편집책임, *자존감*, (서울:두란노, 2002), p.92.

나는 누구인가?

남들은 또 나에게 말하기를

불운한 날들을 참고 지내는 나의 모습이

어찌나 평온하게 웃으며 당당한지

마치 승리만을 아는 투사 같다는데

남의 말의 내가 참 나인가.

나 스스로 아는 내가 참 나인가.

새장에 갇힌 새처럼 불안하고 그리워하며 약한 나,

목에 졸린 사람처럼 살고 싶어 몸부림치는 나,

빛과 꽃과 새 소리에 주리고

친절한 말, 따뜻한 말동무에 목말라하고

석방의 날을 안타깝게 기다리다 지친 나,

친구의 신변을 염려하다 지쳤네.

이제는 기도에도 생각과 일에도 지쳐 공허하게 된 나,

지쳐 이 모든 것에 안녕이라고 말할 준비가 된 나.

나는 누구인가?

이 둘 중에 어느 것이 나인가.

오늘은 이 사람이고 내일은 저 사람인가.

이 둘이 동시에 나인가.

남 앞에 선 위선자, 자신 앞에 선 비열하게 슬픔에 찬 약한 나인가.

아니면, 이미 성취된 승리 앞에서 혼란하여

퇴각하는 패잔병과 같은 것이 내 안에 아직도 있는가.

나는 누구인가?

나의 이 적막한 물음들은 나를 희롱하네.
내가 누구이든, 오 하나님, 당신은 아십니다.
나는 당신의 것임을![66]

본회퍼는 자신이 하나님의 것임과 하나님은 영원히 자신의 것임을 믿으며, 위로와 소망을 얻고 사형대에서 목숨이 끊어지는 순간까지도 하나님을 영화롭게 하였다.

66. Dietrich Bonhoeffer, *Letters and Papers from Prison*, pp. 221-222.

5. 꿈과 환상 중에 만난 하나님

하나님은 우리와 항상 함께하시어 도우시나 사람들의 영적 눈이 어두워 잘 보지를 못한다. 그는 우리에게 직접 그의 임재를 체험하게 하시기도 하시며, 필요시 환상으로 그를 우리에게 알리기도 하고 꿈 가운데 우리를 만나 주신다.

유학 생활에 지친 나는 어느 날, 꿈속에서 영혼의 어두운 밤을 지나고 있었다. 그런데 내 영혼 깊은 곳에서부터 해와 달같이 둥근 찬란한 빛이 떠올랐다. 이 밝고 찬란한 빛은 내게 있는 모든 어둠을 몰아내고, 모든 갇힘에서 나를 해방시켜 주었다. 빛되신 예수 그리스도는 우리로 영광스런 하나님의 자녀들로 나타나게 하여 주신다.

꿈속에서 하루는 나와 친구들이 높은 산에 올라 가 있었다. 어두움 속에서 주위에 많은 숲들이 우리를 감싸고 있었다. 자세히 보니 수풀이 움직이는데 많은 늑대들이 보였다. 그들이 원하였더면 우리를 공격할 수도 있었으리라. 두려움에 나뭇가지들을 주워서 늑대들을 향해 던졌다. 내 앞에 있는 늑대는 내가 전에 본 적이 있는 중년의 여성의 얼굴 모습이었다. 그때, “저 늑대들도 속죄받을 수 있습니까?”라는 질문이 내 마음에 떠올랐고, “그렇다”라는 확답을 받았다. 그 늑대들이 스커트를 입었는데 두 개의 흰줄 사이로 붉은 줄이 나 있었다. 나는 저 붉은 줄이 그리스도의 보혈을 상징함을 알았다. 주의 보혈로서 그들은 이미 속죄함을 받았다.

속죄함 받지 못했던 늑대의 혼들은 야만적이고 파괴적인 것이다. 이 늑대들은 구속받지 못했던 영혼을 가리킨다. 그냥 두면 위험한 것이다. 늑대에서 본 여성의 얼굴은 내 속에 있던 여성상인 아니마의 분열된 조각일 수 있다.[67] 상처 입고 야만인같은 삶을 살았던 영혼이 그리스도의 보혈로 씻음받고 온전케 됨을 알았다.

2005년 초여름, 나의 성대가 많이 피로해져 있던 어느 날, 거절하기 어려운 통역 요청을 받고 봉사하기로 하였다. 연사들의 억양도 발음도 천차만별 달랐는데 순간순간 주님이 도우셔서 은혜롭게 통역을 마칠 수 있었다. 그런데 마이크도 없이 장시간 통역한 후 나는 내 목이 더 이상 말하기를 원치 않는다는 것을 알았다. 그럼에도 불구하고 계획된 일정들을 은혜 중에 잘 마쳤다. 며칠이면 좋아질 것 같은 내 목은 몇 주가 지나고 몇 달이 지나도 좋아지지가 않았다. 나는 학교 강의들을 모두 취소했다.

주위의 몇 분이 기도해 주었던 2005년 9월 23일 새벽에 나는 꿈을 꾸었다. 수많은 황금빛 열쇠가 내 목에 여러 개 놓여 있는데 그 원형의 열쇠 고리들 사이로 목구멍이 보였다. 건강한 목구멍이 보이며 둥근 성대 위로 진한 오렌지 색으로 쓰인 “예수 그리스도”의

67. Ann Belford Ulanov, The Feminine, p.34.아니마는 남성의 무의식 속에 있는 명확한 여성상으로 꿈 속에 나타날수 있는데 이는 행동을 조정해 준다. 남자가 한 여성에게 한눈에 반할 때, 사신의 부의식 속의 여성상을 투사하기 때문이다. 그러나 겉은 같은데 속이 자신의 상과 달라 후회하는 일도 많다.

이름이 선명하게 나타났다. 그날 낮에 병원에 가서 진찰을 받으니 목이 조금 부어 있을 뿐 괜찮다고 하였다.

얼마 후, 그 당시 목이 약한 상태에서 나는 강한 소음에까지 노출되어 왼쪽 귀도 멍멍한 상태였었다. 며칠 후 주위 분들의 권유와 도움을 힘입고 성령의 인도로 남가주에 위치한 빅베어 산에 올라가 3박 4일간의 트레스 디아스(Tres Dias) 수련회에 참여하였다. 이틀째 되던 10월 5일 아침, 침대에서 일어나기 전 눈을 아직 감은 채, 나의 귀와 목이 회복되기를 기도하였다. 그리고 새벽 빛을 받으며 눈을 뜨는데, 내 눈 앞에 신기하게도 밝은 빛을 발하는 귀가 한쪽에 선명하게 보였다. 그 다음에 밝고 온전한 얼굴이 보이는데, 아 내가 그토록 보기를 원했던 예수 그리스도의 얼굴이 나타나셨다. 나는 꿈인지 생시인지 눈을 크게 뜨고 바라보는데 그 얼굴이 윗부분부터 사라지면서 점차 입만 빛나게 클로즈 업 되어 '아 주님께서 내 성대를 고쳐 주시는구나!' 라는 확신이 오기까지 다섯 번 정도 나타났다. '아! 내가 예수 그리스도의 얼굴을 뵈었었구나. 그가 나의 귀와 입이 완전히 치유될 것임을 보여 주셨구나' 라는 깨달음이 왔다. 나에게 친히 나타나셔서 나의 건강 회복을 알려 주신 하나님이 나를 얼마나 사랑하고 계시는지도 알았다. 이제 내 귀로는 하나님의 말씀을 듣고 내 입으로는 예수 그리스도를 증거하며 하나님을 영화롭게 하는 그리스도의 지체로서 살리라 다짐했다.

그 다음날 새벽 2시쯤 소예배당 바닥에 무릎을 꿇고 성대를 위해 기도할 때 양쪽 팔을 뒤로 움직이는 순간, 절벽을 깎아지른 듯한 각진 짱구 형태의 붉게 피멍이 맺힌 흉측한 모습의 병마귀가 내 속에서 나가지 않으려고 발악하는 것이 보였다. 나는 옆에 계신 목사님과 함께 예수 그리스도의 이름으로, 병 마귀를 내어 쫓았다. 그

날 이후 산에서 내려오는데 목이 트였고 점차 완전히 건강을 회복하였다.

제4장

예수 그리스도는 참 자기의 산 원형

나는 우연히 게일 카돈이라는 동화책 삽화가를 만나 이야기를 나눌 기회가 있었다. 그녀는 책의 이야기에 따라 그림을 그릴 때에는 반드시 실제적인 모델을 찾아서 그린다고 하였다. 왜냐하면 그 모델을 볼 때 실제 책 속의 주인공의 얼굴 모습이 어떤지, 옆 모습은 어떤 표정인지, 기쁨과 놀라움의 인상은 어떤지, 이러한 모든 것들을 사실적으로 묘사할 수 있기 때문이라고 하였다. 삽화가는 모델을 보고 실질적인 그림을 그리며, 사람들은 자신들의 산 원형이요 온전케 하시는 분인 예수 그리스도를 본받음으로, 본래의 자기로 살게 된다.

하나님은 인간을 창조하실 때 "자기 형상 곧 하나님의 형상대로 사람을 창조"하셨다(창 1:27). 어거스틴은, 우리가 하나님의 형상대로 지음받은 형상이란, "삼위일체 하나님으로부터의 파생물 뿐만 아니라 원형과 원리(Exemplar-Principle)를 향한 경향을 나타내는 역동적인 특징과 닮음(likeness)이 내포되어 있다"고 주장하였다.

여기서 원형이란 "어떤 것이 만들어지고 전개되는 원래의 모델과 형태, 또는 양식"인데, 하나님이 우리의 원천과 원형이 되신다. 그러므로 토마스 아퀴나스(Thomas Aquinas)도 하나님은 우리의 원형이시며, 모든 것들의 목적이며, 실제로 육체적 생명의 원천이라고 하였다.[68]

하나님은 영이라 보이지는 않지만, 사람의 몸을 입고 이 땅에 오셨는데 이분이 우리의 원형이신 예수 그리스도이시다. 아타나시우스는 그리스도에 대하여, "그는 그가 자신의 모습대로 만들었을 우리의 모습이 되었다"라고 말하였다.

예수 그리스도는 보이지 않는 하나님의 형상의 본체로서 우리는 그의 형상대로 창조되었고 그 안에서 존재한다. 그리스도에게 만물이 창조되고 "다 그로 말미암고 그를 위하여 창조되었고, 만물이 그 안에 함께 섰다"(골 1:15-17). 그는 만물보다 먼저 계시고 죽음에서 먼저 부활하신 자요, 처음과 나중이 되신다.

그리스도는 우리의 참 자기의 살아 있는 원천과 원형으로서 그의 아들의 신분을 우리에게 나누어 주실 뿐 아니라 우리로 그와 동일한 형상을 이루는 하나님의 자녀로 나타나게 하여 주신다. 이때 우리는 그리스도가 죽은 것을 본받아 그 안에서 부활을 이 땅에서 이미 경험하며 하나님의 자녀의 영광의 자유를 누리며 살게 된다.

마르타 로빈스(Martha Robbins) 수녀는 다음과 같이 기록한다:

> 그리스도는 특유의 사람이 되는 원형적 형상(image)일 뿐 아니라 모든 창조물의 생성과 특별히 그 창조 안에서 인류의 생성에 원형적인 원천이 되신다.[69]

---

68. St. Thomas Aquinas, *Summa Theologiae*, 1989, p. 85.
69. Martha Robbins, "The Desert-Mountain Experience: The Two Faces of Encounter with God," *The Journal of Pastoral Care*, March 1981, Vol. XXXV, No.1, p. 35.

그리스도는 참 자기의 살아 있는 원천과 원형으로서, 우리로 그와 동일한 형상을 이루게 하시는 모든 요소를 충족시켜 준다.

프랑스 속담에 “신은 인간에게 직선으로 가라고 하였으나 인간은 지그재그로 간다”라는 말이 있다. 사람은 자신의 원천과 원형인 그리스도를 떠나서는 방황할 수밖에 없다. 성령 안에서 그리스도를 바라보며, 그를 본받아 사는 이들은 그와 동일한 형상을 이루어 간다. 그리고 많은 영혼들을 하나님께로 인도하며 새벽별 같이 빛날 것이다.

1. 신약에 나타난 원형

원형(prototype)이란 말은 '처음'(πρῶτοϛ)과' 형' 또는 '타입'(τύποϛ)이란 두 단어의 합성어이다. 하나님은 친히 '나는 처음'(πρῶτοϛ)이라고 말씀하셨고(사 44:6;48:12; 41:4), 부활하신 주님은 자신을 "처음이요(protos) 마지막(eskatos)" 이라고 명명하셨다(계1:8; 2:8).

마이클리스(Michaelis)에 의하면, "하나님은 처음"(πρωτοϛ Θεόϛ)이란 하나님께 대한 일상적인 용어로 하나님의 독특성을 표현하고자 명명된 직함으로서 여기에 산술적인 개념은 없다[70]

신약에서는 항상 단수로, 예수 그리스도를 가리켜 '처음 나신 자,' '맏아들(the first born),' 곧 프로토토코스(πρωτοτοκοϛ)로 불렀다. 그리스도는 우리의 모든 것의 모든 것이 되시는 뛰어난 분으로, 우

70. Gerhard Kittel & Gerhard Friedrich, *Theological Dictionary of the New Testament*, translated and edited by Geoffrey W. Bromiley, (Grand Rapids: Wm. B. Eerdmans Publishing Company, 1968), p.865.

리에게 그의 아들의 영을 부어 주시며, 아들 된 자신의 형상을 우리 영혼 속에 새기어, 하나님의 자녀들로 나타나게 한다(8:29). 그리스도를 비유적으로 의미하는 프로토토코스(πρωτοτοκοζ)는 특히 영광 받을 새 인류의 처음 난 자를 가리키며, 이 단어에서 악센트만 바꾸면, 프로토토코스는 '모든 피조물을 생성하신 분' 또는 '만물의 생산자' 라는 뜻이 된다.[71] 우리의 생명이신 그리스도로 말미암고, 그 안에서, 그에 의해서, 그를 위해서 우리는 창조되었다. 또, 친히 우리를 하나님의 아들들로 거듭나게 한다.

그는 교회의 머리라 그가 근본이요 죽은 자들 가운데 먼저 나셔서 부활의 원형적 원천이 되신다. 그는 생명을 주시는 자요, "그가 만물보다 먼저 계시고 만물이 그 안에 함께 섰느니라"(골 1:17). 만물과 우주뿐 아니라, 모든 사람들 사이에서도 그는 으뜸이 되시고, 살아 있는 원형이 되신다.

헤리어(Helyer)는 "신약에서의 프로토토코스 타이틀" 이란 그의 논문에서 프로토토코스(πρωτοτοκοζ)의 참 의미를 다음과 같이 찾는다.[72]

> "…죽은 자 가운데서 먼저 다시 살아나사"
> (πρῶτοζ ἐξ ἀναστὰσεωζ νεκρῶν)(행 26:23).

> "그러나 이제 그리스도께서 죽은 자 가운데서 다시 살아나사
> 잠자는 자들의 첫열매가 되셨도다"

71. William F. Arndt & F. Wilbur Gingrich, *A Greek-English Lexicon of the New Testament and Other Early Christian Literature*, 2nd ed. P. 726.
72. Larry R. Helyer, *The Prototokos Title in the New Testament*, Dissertation, 1979, Fuller Theological Seminary. 1979. P. 173.

(ἀπαρχὴ τῶν κεκοιμημέων)(고전 15:20).

> "그가 근본(ἀρχή)이요 죽은 자들 가운데서 먼저 나신 자니" (πρωτότοκοζ ἐκ τῶν νεκρῶν)이는 친히 만물의 으뜸 (πρωτευωή)이 되려 하심이요(골 1:18).

그리스도는 부활의 첫 열매로서, 그리스도의 사람들은 그리스도의 부활의 삶을 나누어 가지게 된다.

헤리어(Helyer)는 프로토스(πρῶτοζ)와 프로토토코스(πρωτότοκοζ)의 근본적인 의미를 찾은 리더보스(Ridderbos)를 인용한다.

> … 그리스도가 연대순으로 처음이요 또는 처음 나신 자라는 의미가 아니다; 그는 오히려 그 길을 열은 개척자, 창시자이시다. 그를 인하여 위대한 부활이 현실이 되었다. 죽은 자 가운데서 처음 나신 자의 의미도 매우 유사하다: 그는 부활의 세계로 인도하신다. "그는 사망을 폐하시고 복음으로써 생명과 썩지 아니할 것을 드러내신지라" (딤후 1:10).[73]

그리스도 안에서 우리는 영원한 생명을 누리며, 온전한 삶을 살게 된다. 영광을 받으실 그리스도께서 말씀하시기를, "나는 알파와 오메가요 처음과 마지막이요 시작과 마침이라"라고 말씀하신다(계 22:13). 완전한 인간성의 원천과 원형이 되시는 그리스도는, "하나님의 영광의 광채시요 그 본체의 형상이시라 그의 능력의 말씀으로

73 Herman Ridderbos, Paul: An Outline of His Theology, trans. by John Richard de Witt (Grand Rapids: Eerdmans, 1975), p. 56. Quoted in Larry R. Helyer, p. 173.

만물을 붙드시며 죄를 정결하게 하는 일을 하시고 높은 곳에 계신 지극히 크신 이의 우편에 앉으셨느니라"(히 1:3)라고 말씀하신다.

또 "그는 보이지 아니하시는 하나님의 형상(εἰκὼν τοῦ Θεοῦ)이시요 모든 피조물보다 먼저 나신 자이시니"(πρωτότοκοζ πάσηζ κτίσεωζ)"(골 1:15)요, 창조의 대행자이며 모든 피조물의 원형이시다. 신약 성경 골로새서 1장 15절 이하의 술어 '형상 εἰκὼν' 은 '처음 난 자 πρωτότοκοζ' 로 대치되어 있다. 하나님의 형상인 그리스도는 처음 난 자로 우리의 원천과 원형이 되신다. "만물이 다 그로 말미암고 그를 위하여 창조되었고 또한 그가 만물보다 먼저 계시고 만물이 그 안에 함께 섰느니라"(골 1:16-17).

하나님이 우리로 그리스도와 동일한 형상을 이루게 미리 정하심은 "그로 많은 형제 중에서 맏아들(πρότοτοκον ξν πολλοῖζ αδελφοῖζ)이 되게 하려"하심이다(롬 8:29). 그리스도는 우리의 원형(Prototype)이요 큰 형님으로서 그의 아들된 생명과 신분을 우리에게 나누어 주셨고, 그의 아들된 형상을 우리 영혼 속에 이루어 주신다. 그는 친히 우리로 그와 동일한 형상을 이루게 해 주시는 우리 존재의 원천적 원형이다. 우리는 그리스도의 지체요 그는 우리의 머리로서, 온몸이 머리이신 그리스도로부터 각 마디와 힘줄을 통하여 영양을 공급받고, 서로 연결되어서 하나님께서 자라게 하시는 대로 자라나는 것이다(골 2:19).

그리스도께서 주시는 생수를 마실 때, 영원히 목마르지 아니하며, 그의 생명을 받으며 살 때, 영원히 산다. 그리스도 안에는 신성의 모든 충만이 육체로 거하시고 우리도 그 안에서 충만함을 받았다(골 2:9-10). 그리스도는 우리 참 자기의 실체시며, 지혜와 거룩함과 의로움과 온전함이 되신다. 예수 그리스도를 죽음에서 살리신 하나님을 믿으며, 그리스도를 구주로 영접할 때, 치유가 일어난다. 성령 안에서 용서를 체험하게 되며, 영생을 선물로 받는다. 그리스도로 말미암아 부활의 생명을 누리며 산다.

그리스도는 영원한 승리자로 우리로 하여금 모든 어둠의 권세와 세상을 이기며 살게 하신다. 참 자기의 산 원형인 그리스도를 통하여 우리는 모든 갇힘에서 해방되어 본래의 자기가 되었다.

니겔 터너(Nigel Turner)는, 그리스도를 모든 창조의 원형으로 보며, 사도 바울에게 있어 '그리스도의 중요성은 우주적 원형' 으로서 모든 어둠의 권세와 이단에 대항하기 위해 충분히 현실화되지 않으면 안 된다고 하였다.[74]

그리스도는 진리와 사랑, 용서와 치유, 화평과 생명, 그리고 부활의 살아있는 원형이시다. 우리의 원천적 원형인 그리스도를 통하여 우리는 모든 갇힘에서 해방되어 참 자기로 나타나게 되었다.

그리스도를 사랑하며 그의 영과 연합할 때, 우리는 더욱 그의 형상을 이루는 독특한 작은 그리스도로 드러난다.

74. Nigel Turner, *in Grammatical Insights into the New Testament*, (Edinburgh: T.& T. Clark, 1965), pp.122-124.

2. 그리스도의 형상을 이루어 감

사과씨앗은 땅에 심겨져 사과나무로 자라기를 바라며, 하나님의 형상대로 창조된 사람은 하나님의 자녀들로 나타나기를 고대한다. 또한 하나님 아버지께서 우리를 그의 자녀로 나타나게 이끌어 주신다. "하나님께서는 전부터 아셨던 사람들을 그분의 아들과 동일한 형상을 갖도록 미리 정하시고, 하나님의 아들을 많은 형제 중에서 맏아들이 되게 하셨습니다"(롬 8:29, 쉬운성경). 정한다는 말인 헬라어 오리조(ὁρίζω)는 결정하고(행 11:29), 결심한다는(행 2:23) 부정 과거형으로 한번 정함으로 영원히 작정한 것을 가리킨다. 이 말은, "이 예수께서 버림을 받으신 것은 하나님이 정하신 계획을 따라 미리 알고 계신 대로 된 일"(행 2:23, 쉬운성경)이라고 말씀할 때, 영원히 정하신 계획으로 반드시 실행되어지는 일을 의미한다. 하나님은 우리로 하여금 그리스도와 동일한 형상을 갖도록, 영원히 작정하셨고 이루어 주신다.

그러므로 한나 스미스(Hannah w. Smith)는 그리스도를 닮고 그와 연합하며 그의 형상을 이루어 가는 것은 우리가 느끼는 것이 아니라 우리가 존재하는 것에 관한 것이요 실제적인 것이요 인간의 본질에 일치하는 것이라고 하였다. "만일 우리가 진정 그리스도와 하나가 된다면, 그 결과 그리스도같이 되고 그가 걸었던 것 같이 걷는 것은 우리의 본질과 반대되지 않을 것이며 우리의 천성과 일치될 것이다."

크리스천은 양자의 영을 받아 하나님의 양자만 될 뿐 아니라 계속적으로 하나님의 아들의 형상으로 변화된다. 이는 그리스도를 믿음으로, 그와 함께 십자가에 못 박히고 그와 함께 살아날 때 이루어진다.

사도 바울은, "나의 어린 자녀들이여 그리스도께서 여러분 안에 형성될 때까지 나는 다시 여러분과 함께 해산의 고통을 겪어야 합니다!"라고 말 하였다(갈 4:19, RSV). "너희 속에 그리스도께서 형성될 때까지"라고 할 때의 헬라어 모르포(*μορφόω*)는 우리에게 그리스도의 본질적 형상이 이루어지는 것을 가리킨다.[75]

태아는 태내에서 수정된 후 40주 만에 아이로 출생하듯이, 사도 바울은 우리가 그리스도의 형상을 이루는 것도, 그리스도의 유전자로 잉태되어 그리스도께서 우리 속에 형성됨을 바라보았다. 주의 성령께서 우리로 그리스도와 동일한 형상을 이루도록 도와주신다.

비기독교적인 동양 종교나 뉴에이지 운동은 사람이 신성과 연합할 때, 개별적인 자기를 잃어버린다고 하지만 자기 생명인 그리스도와 연합하는 자는 더욱 진정한 자기로 드러난다. 이러한 독특한 참 자기는 우리 존재의 원천과 원형인 그리스도의 능력이 그 안에

---

75. 그리스도는 "근본 하나님의 본체시나"(*μορφὴ θξοῦ*)라고 말씀할 때의(빌 2:6), '형성되어지다' 라는 명사형 형상(*μορφὴ*)도 본질적으로 그리스도는 하나님과 같다는 것이다.

머무르므로 온전하게 된 자이다. 그리스도의 형상을 우리에게 나타내 준 사도 바울은, "내가 그리스도와 함께 십자가에 못박혔나니 그런즉 이제는 내가 산 것이 아니요 오직 내 안에 그리스도께서 사신 것이라"고 고백했다(갈 2:20). 곧 내가 사나 내가 아닌 그리스도가 내 안에 살 때, 그리스도가 원천이요 원래의 형상인 참 자기로 나타난다.

신약 성경 빌립보서 3장 10절에 따르면, 우리가 그리스도의 형상으로 거듭날 때, 이는 그의 사망에 참예하는 것으로 이끈다. "그의 죽으심을 본받아(becoming like him in death)" 어찌하든지 죽은 자 가운데서 부활에 이르려 하는데, 이때 부활의 권능을 체험하게 된다. 우리의 산 원형이신 그리스도 안에서 이미 우리는 부활의 권능을 체험하며 살아가고 있다.

우리가 부활하신 그리스도의 영과 연합할 때, 내가 사나 내가 아닌 그리스도가 내 안에 삶을 고백한다. 내 안에 사시는 예수 그리스도가 우리 영혼 속에 형성될 때, 우리는 '작은 예수'로 드러난다. 루이스는 말하기를, "하나님은 당신을 마치 작은 예수를 보듯이 보신다. 그리스도는 당신 옆에서 당신을 그리스도로 만드시는 분이다"라고 하였다.[76]

하나님 아버지를 보여달라고 부탁하는 빌립에게 하나님의 형상의 실체인 예수 그리스도는 "누구든지 나를 본 자는 아버지를 보았느니라"(요 14:9)고 말씀하셨다. 오늘날, 사람들은 진정 그리스도를 보고 만나기를 원한다. 그리스도가 생명인 참 자기는 그리스도를 나타낸다. 그리스도의 형상을 이루어가는 참 자기는 "누구든지 나

---

76. C. S. Lewis, *Mere Christianity*, (London:Geogfrey Bles, 1952), p.153. 인용: 브루스 디마레스트, 영혼을 생기나게 하는 영성, (서울: 쉴만한 물가, 2004), p. 381.

를 본 자는 그리스도를 보았다"라고 대답할 수 있다. 성 프란시스코는 아침마다 기도하기를 "아버지 하나님, 나를 보는 모든 이들이 저를 볼 때마다 주님을 생각하게 해 주소서"라고 기도했다.

가가와 도요히코(賀川豊彦) 목사는 1888년 기생 스가우가메의 2남으로 태어났으나 그가 4~5세 되던 때 그의 아버지와 어머니가 세상을 차례로 떠났다. 그는 제 2차 세계 대전 때 반전 평화 지도자로 활동하다가 헌병대에 구속되었고 일본 천황에게 불려갔다. 심각한 분위기에서 천황이 그에게 물었다고 한다. "도대체 네가 그렇게 죽도록 충성하는 예수는 누구를 닮았느냐?" 하천 목사는 대답하기를, "저를 닮았습니다. 저를 보시면 예수님을 가장 잘 아실 것입니다"라고 말하였다.

우리 영혼 속에 예수 그리스도께서 그의 형상을 이루실 때 우리의 모습은 예수 그리스도를 드러낸다. 2004년 11월 남가주 로즈볼에서 수만 명의 사람들 앞에서 설교하는 빌리 그래함 목사님의 표정에서, 나는 진실함과 그리스도의 생명이 넘쳐남을 읽을 수 있었다.

브렌글 목사의 어린이 집회 중의 하나에 참석하고 돌아오는 한 아이가 자기 어머니에게 "엄마, 엄마는 하나님을 본 적이 있나요?"라고 질문하면서 "그런데 나는 설교한 그 사람의 얼굴에서 하나님의 한 부분을 보았어요"라고 말하였다. 다른 한 어린 아이가 브렌글이 그의 집을 방문하고 간 뒤, 그의 아버지가 일터에서 돌아왔을 때, 그에게 달려가 다음과 같이 알렸다: "아빠, 예수님이 여기 계셨어요."

어떤 교회의 한 집회에 청각 장애자인 한 여성이 앞 줄 좌석에 앉아 있었다. 그녀는 아무것도 들을 수 없었고 오직 진실한 설교가인 브렌글의 얼굴만 주시하고 있었다. 예배가 끝날 즈음, 그녀는 조용히 흐느껴 울기 시작했고 기도회가 시작되었을 때 그녀는 참회하는 자세로 엎드렸다. 그녀의 딸은 그녀의 어머니가 다시 들을 수 있게 되었다고 생각하면서 치유를 받았는지 묻고자 어머니 옆에 무릎 꿇고 "어머니, 설교를 들으셨어요?"라고 몸짓으로 물었다. 그 귀먹은 어머니가 대답하기를, "아니, 나는 아무것도 듣지 못하였지만 그 분의 얼굴에서 예수 그리스도를 보았단다"라고 하였다. '그리스도 형상인 나'는 그리스도를 닮을수록 진짜 자기가 된다.

유명한 화가인 다네커(Dannecker)에게 한번은 나폴레옹 황제가 루브르 박물관에 전시해 놓을 비너스를 그리라고 명령하였지만 다네커는 거절하였다. 그러자 황제는 풍성한 물질적 보상과 명예까지도 줄 테니 그림을 그리면 어떻겠느냐고 했으나 또 거절하였다. 모욕감을 느낀 황제는 데네커를 방문하여 그 많은 보상도 거절하고 더욱 황제의 말도 거절한 이유를 물었다. 그는 대답하기를, "저는 이때까지 살아오면서 오직 예수 그리스도만 그려왔습니다. 저는 결코 내 붓으로 그리스도보다 질이 저하되는 것은 그리지는 않을 것입니다"라고 하였다.

그는 예수 그리스도의 모습을 그리는데 반평생을 보내왔다. 그가 예수 그리스도의 이미지를 8년간 계속하여 수고하며 그려 처음으로 완성하였을 때 그는 그의 작은 딸에게 그 그림을 보라고 권하였다. 그 캔버스의 덮개를 열고, 그림을 들어다 본 그 소녀가 놀라움과 칭송의 표현으로 손뼉을 치자, 그는 "그래, 이 분이 누구라고 생각하니?"라고 물었다. 그러자 그 소녀는 "아 이 분은 위대하신 분이시겠지요"라고 대답하였다. 그러자 다네커는 안색이 변하며, "나는 실패했구나. 이것은 그리스도가 아니야!"라고 하며, 물감으로 더덕더덕 칠하여 완전히 그 그림을 폐기하였다. 그는 다시 그리스도를 그리는 작업을 시작하는 데 기도로 전념하였다. 그림이 다 되었을 때, 그는 그의 어린 딸을 다시 불러 새로운 그림을 보게 하였다. 그 순간 그 어린 소녀는 아무런 함성이나 칭송의 표현은 없었으나, 그 순수한 눈에 눈물이 흘렀다. 그리고 "어린아이들이 내게로 오게 하라"고 말씀하시는 그리스도께서 실제 앞에 서서 계신 듯이 사뿐히 그 그림을 향해 다가갔다. 그때 화가 데네커는 "아 이것이 그리스도의 모습이구나!"라며 탄성을 질렀다.

그리스도의 형상으로 지어지고 그의 형상을 이루어 가는 하나님의 자녀는 그리스도를 나타낼 때, 그 몸으로 하나님을 영화롭게 한다.

3. 융과 바르트가 본 원형

칼 융은 자기 아버지가 근엄한 목사이었지만, 맏아들을 잃고 슬픔에 자신을 주체하지 못함을 보았다. 융은 그의 아버지가 자유롭고 전능하신, 우리 가까이 계시는 하나님을 모른다고 생각했다. 융은 자신과 직접 연결되어 있는 하나님을 발견하고자 하였다.[77]

융은 사람의 정신 구조를 다음과 같이 보았다. 사람의 영혼 또는 정신(psyche)의 꼭대기에는 가면(Persona)이 있는데 이는 거짓 자아이다. 세상에 보이기 위해 쓰고 다니는 이 가면은 어느 사람이 다른 사람들로부터 규정되어 있는 자아상에 적응하고자 하는 이미지라고도 할 수 있다. 조금 과장해서 말한다면 "이 가면은 실제의 자기가 아니나 자신과 다른 사람이 자신이라고 생각하는 자아이다."[78]

---

77. 융에게 있어서 하나님은 너무나 광대하여서, 자기가 경험하는 하나님을 떠나서는 알 수가 없다. 그러므로 융에겐 자기를 알므로 하나님을 알게 된다는 것이 가능하였다. 그가 영국 방송국에서 인터뷰 받을 때 하나님을 믿느냐는 질문에 "하나님을 안다."라고 대답했다. 그에겐 자기가 음식을 먹었는지 아닌지는 우선 아는 사실이었듯 하나님도 그가 경험하는 하나님이었다.
78. Jung, CW 9/1, pp.122f.

그 가면 아래에는 그 사람의 경험적인 존재인 자아 곧 에고(the ego)가 있다. 이 에고는 의식 속에 있는 지각들, 아이디어들, 기억들, 생각들과 감정들, 감각적인 지각들로 구성되어 있다. 이것은 바깥 세상의 경험들과 관련되며 그림자를 드리운다. 에고는 의식의 견고한 중심에 있는 실재이다.

에고가 그리스도의 보혈에 씻음받고, 자신의 본질인 하나님의 형상을 회복하지 못하면 개인 중심(egocentric)이 되며, "참된 본질에서 벗어나 악의 도구"가 될 수 있다.[79] 죄악에 포로되어 영혼을 잃은 에고는 불의, 불법, 시기, 질투, 탐욕, 그리고 우상숭배의 노예가 되어 왔다. 칼 융은 어릴 때 이러한 에고가 활동하던 학교에 가서 심한 열등감에 사로잡혔었지만, 집에 돌아와 하나님의 형상이 새겨진 참 자기가 드러나는 고요한 시간은 평안함과 기쁨을 체험했음을 고백했다.

이 에고 아래에는 내가 알거나 부분적으로 아는, 세상에서 받아들여질 수 없어서 숨겨서 지니고 있는 그림자가 있다. 그림자에는 모든 우리가 수용할 수 없는 것들인 존재의 불안과 생존의 위협, 미성숙하고 거짓된 자기, 이루어지지 못한 꿈, 상한 영혼, 치유되지 않은 상처, 분노, 무기력, 열등감과 수치심, 용서하기 어려운 것들 등 우리 자신에 대한 악과 한들이 쌓여져 있다. 그림자는 우리가 되지 않기를 바라는 모든 것이다. 『지킬 박사와 하이드 씨』의 경우에서 볼 수 있듯이 원하지 않는 죄악과 부도덕한 하이드가 숨어 있는 곳이다. 그림자는 괴테의 파우스트를 사랑하는데 이것은 악을 느낄 수 있기 때문이다. 자신의 그림자를 만나는 것은 고통스러운 일이기도 하다. 우리 자신은 스스로 그림자를 깨닫지 못하고 다른 사람

---

79. John A. Sanford, *The Kingdom Within*, pp. 101-102.

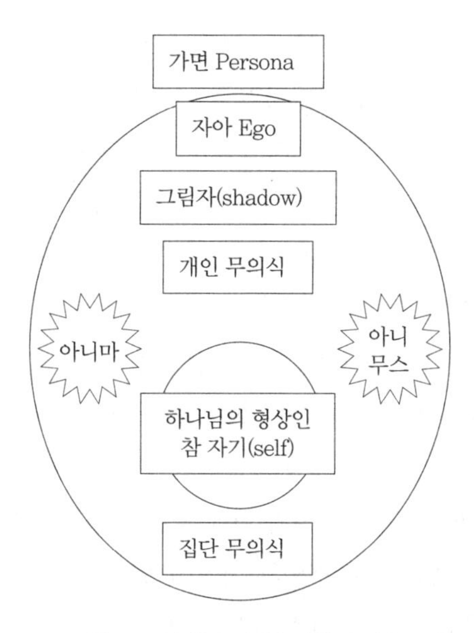

그림 IV-1 칼 융의 자아에 대한 수정된 모델

들이 이런 것을 갖고 있는 것을 보면 알레르기를 일으킨다. 성령 안에서 그리스도의 형상을 이루어갈 때 어두움의 그림자는 사라진다.

그림자 아래에, 남성의 무의식 속에는 여성상인 아니마(anima)와 여성 속에는 남성상인 아니무스(animus)가 있다. 이 상들 안과 아래에 인간이 받아들일 수 없어 억압하여 무의식 속에 형성된 콤플렉스들이 있는데 이는 분열되어 쪼개진 인격들이다. 아니무스 또는 아니마에 내재되어 있는 모습을 우리의 꿈, 환상, 비전에서 만날 수 있다. 아니마와 아니무스의 역할은 시혼, 선생과 안내자, 현명하고 성실한 영적 조언자로 행동을 조정한다. 겉사람 곧 에고는 아니마나 아니무스에 의해 양육되어짐으로 참 자기를 가로막고 있는 그림자가 얇아지고 사라져서 하나님의 형상의 참 자기와 직접 연결되기를 고대한다.

그리고 인간 인격과 영혼의 중심에는 하나님의 형상이 새겨진 참 자기(Self)가 있다.[80] 융은 말하기를, 하나님 형상이 새겨진 자기(Self)는 그리스도를 나타내는 최초의 이미지(proto-image)로, "인간 유기체를 위한 실제 가능성인 실체를 나타내며, 그것은 사람의 심리적인 모든 발달 단계에 깊게 연관되어 있다"고 하였다[81] 다음, "그림 IV-1" 을 참조 바란다.

융에 의하면, 이 자기(Self)는 하나님의 형상이다. 그러므로 알렉산드리아의 클레몬트도 "자신을 아는 자는 하나님을 안다"라고 말하였다.[82]

칼 융은 자기(Self)의 이미지와 형태 또는 심벌들은 "인간의 무의식 속에 잠자고 있는 그리스도의 형상의 원형을 상징하는데 이는 역사 속에 실재로 오신 그리스도에 의해 깨어나도록 부름을 받게 된다"라고 하였다.[83]

신학자 칼 바르트도 인간의 존재는 원래 그리스도의 존재로부터 나왔다고 하였다. 그는 "예수 그리스도 없이는 우리는 우리가 되지 못하였을 것이다"라고 말하며, 우리는 우리 생명이신 "그리스도와 함께 숨겨져 있으므로, 원래 우리의 것이 아닌 그의 것이다. 누구도 이 원형을 피할 수 없다. 우리의 잠정적 실제적인 하나님과의 관계뿐만 아니라 우리의 인간 천성도 전적으로 예수님으로부터 나온다" 라고 말했다.

우리의 산 원형이요, 하나님의 형상(εἰκών)과 모양(μορφή)인 예수

80. C. G. Jung, Aion: Researches Into The Phenomenology Of The Self, CW 9/2, p.37. "at the center, is the Self where the imago Dei is imprinted."
81. Ira Progoff, The Death and Rebirth of Psychology, (New York: The Julian Press, Inc., Publishers, 1969), p 182.
82. C. G. Jung, Aion, CW 9/2, p.22.
83. C.W. 9/2, p.189.

그리스도께서 사람의 본질을 결정해 준다고 칼 바르트는 기록한다? "그리스도 안에서 하나님은 사람과 연합하셨다.…하나님의 존재는 그리스도의 존재이듯이 마찬가지로 사람의 존재도 그리스도의 존재이다. 그리스도로부터, 그에 의해, 그에게로 나오지 않은 것은 아무것도 없다".[84]

바르트는 인간 예수는 하나님에 의해 창조된 인간 본질에 대한 지식의 근원이 된다고 하였다: "예수는 우리와 본질이 하나이다. 그의 인간의 본성에서 우리 인간성의 특질을 알 수 있다. 오직 그 안에서만이 우리 자신을 알 수 있다."

융에게 있어 하나님의 실존과 참 자기는 구별이 되지 않으며,[85] 완전하신 그리스도는 의심할 것 없이 자아를 대표한다.(Christ as wholeness 'undoubtedly represents the self.')[86] 그런데 만일 그리스도가 자아를 대표하고 자아의 상징이면(Christ as the symbol of the Self), 자아가 그리스도의 본질을 결정하고 그리스도가 자아에게 예속된다. 그러나 하나님의 말씀에 비추어 볼 때, 구속받은 자기는 그리스도의 상징(Self as the symbol of Christ)이라고 말할 수 있으며, 그리스도가 참 자기의 본질을 결정해 준다.

칼 바르트는 "성령 안에서 그리스도가 각 사람을 대표한다"라고 하였고, 융은 기독교 신앙의 미래는 "각 사람 안에 있는 그리스도가 그 영혼 속에 이루어지는 데서 찾을 수 있다"라고 보았다.[87]

---

84. CD, II/2, pp.94f. 사람의 둥근 얼굴에서도 새겨진 십자가를 찾아 볼 수 있다 [J. Jacobi, *Complex, Archetype, Symbol* (Princeton, N.J.: Prinsceton University Press, 1959), p. 172n].
85. Jung, CW 11. pp.468f.
86. Ibid., p. 62.
87. Wallace Clift, *Jung and Christianity: The Challenge of Reconciliation*, (NY: The Crossroad Publishing Company, 1982), p.157.

융은 몸 안에서 그리스도를 찾았고 바르트는 몸 밖에서 그리스도를 찾았지만, 두 사람 다 그리스도가 우리의 참 자기와 본질적으로 연결되어 있음을 확인해 주었다. 그리스도는 우리의 생명이요 온전함이 되신다. "오직 사랑 안에서 참된 것을 하여 범사에 그에게까지 자랄지라 그는 머리니 곧 그리스도라."(엡 4:15).

많은 사람들이 자신들의 성(sex)에 대해 여러 가지 다른 생각들을 가지고 살아간다. 어떤 사람은 젊은 자기 아들에게 많은 여자와 성관계를 갖는 즐거움을 가지라고 교훈하는가 하면, 또 다른 이는 성은 결혼생활 밖에서 일어나는 것이라고 규정하기도 한다. 여러 가지 미혹하게 하는 성에 대한 잘못된 개념들이 오늘날 많은 영혼들을 파괴한다.

우리 인간의 성(sex)적 참 자기도, 우리 존재의 산 원형인 그리스도 안에서만 발견된다. 그리스도는 영원한 사랑으로 우리를 무조건 사랑하시며, 자신을 희생하사 죽기까지 섬기는 삶을 사셨다. 이처럼 모든 남편도 그리스도가 교회를 사랑하여 자신을 아낌없이 주심같이, 아내를 사랑함이 아름답다. 또한 부부가 한 몸 이루듯, 우리의 영은 그리스도와 연합하여 그리스도 형상을 이루어 간다.

참 자기는 그리스도의 형상 안에서 발견되며, 우리가 그리스도께 순종할 때 우리 영혼 속에 그리스도의 원형적 형상이 온전히 이루어진다.

아씨시의 프랜시스(Francis of Assisi, 1181-1226)는 그리스도의 말씀을 실천하며 그와 동일한 형상을 이루며 살 때, 그의 손발과 옆구리에 그리스도의 성흔을 받았다. 보나벤투라는 프랜시스가 그러한 생활을 하게 된 동기에 대해 설명한다.

어느 날 미사 도중에 그리스도께서 제자들을 전도하러 내보내시면서 복음에 합당한 생활 방식을 설명해 주신 복음서 구절을 들었다: "너의 전대에 금이나 은이나 동을 가지지 말고, 여행을 위하여 배낭이나 두 벌 옷이나 신이나 지팡이를 가지지 말라"(마 10:9). 그 말씀의 의미를 파악한 그는 크게 기뻐하면서 말했다: "이것이 바로 내가 원하던 바이다: 이것이 내가 전심으로 갈망하던 것이다."[88]

프랜시스는 참 자기의 산 원형인 그리스도를 본받아 마음 깊이 자신이 드리는 기도를 실천하며 살았다.

주여, 나를 평화의 도구로 써 주소서.
미움이 있는 곳에 사랑을
다툼이 있는 곳에 용서를
분열이 있는 곳에 일치를
의혹이 있는 곳에 신앙을
그릇됨이 있는 곳에 진리를
절망이 있는 곳에 희망을
어두움에 빛을
슬픔이 있는 곳에
기쁨을 가져오는 자 되게 하소서.

위로받기보다는 위로하고
이해받기보다는 이해하며
사랑받기보다는 사랑하게 해 주소서.

88. 질 라이트 외, *기독교 영성 (II)*, (서울: 도서출판 은성, 1999), p. 550.

우리는 줌으로써 받고

용서함으로써 용서받으며

자기를 버리고 죽음으로써

영생을 얻기 때문입니다.

4. 죽음으로 살아나는 참 자기

14세기 독일의 영성가인 마이스터 에크하르트(Meister Eckhart)는 하나님이 지금도 말씀 곧 진리인 자기 아들을 이 세상에 나게 한다고 하였다. 시간과 공간을 초월하여 마리아의 태와 같이 하나님은 우리 영혼 속에서 그리스도가 탄생하게 한다고 하였다. 에크하르트에 의하면, 사람이 그리스도를 온전히 따르고 그리스도처럼 자기를 비워 십자가에 못박혀 죽을 때, 모든 갇힘에서 놓임을 받는다. 그리고 그리스도와 함께 다시 살아날 때, 초탈하게 된다. 온전한 초탈 속에 하나님의 실재를 직접 만나고, 그 영혼 속에 그리스도가 탄생된다는 것이다.[89]

여기서 에크하르트가 말하는 그리스도의 탄생은 임마누엘 하나님이 우리 안에 주신 성령으로 말마암아, 우리 영혼 속에 그리스도가 형성되게 하시고, 우리로 그리스도의 형상인 하나님의 자녀로

89. Matthew Fox, Breakthrough: *Meister Eckhart's Creation Spirituality in New Translation (New York & London*: Doubleday, 1980), p.93. 인용:류기종 저, 기독교 영성, (서울:열림, 1995), p.135.

거듭나게 하심으로 이해하면 좋을 듯 하다.

에크하르트는 거듭난 사람은 어떤 것에도 관심을 빼앗기지 않으며, 이것 위에나 저것 아래에 있으려고 기울지도 않으며, 또 높이 되거나 낮게 되려고 갈망하지도 않는다. 그는 다만 자기 자신 그대로 있으려 하며, 오직 하나로 그리고 같은 것으로 있기를 원한다. 왜냐하면 이것이나 저것이 되기를 원할 때 자기 밖의 무엇을 갈구하게 되지만 초탈된 사람은 아무것도 바라지 않기 때문이다.[90] 초탈된 사람은 그리스도를 닮았다.

위대한 교부인 닛사의 그레고리(ca. 331-394)에 의하면 하나님과 우리 사이의 지속적인 닮음은 성육하사 우리 성장의 원천이 되시는 그리스도에 의존하며 그리스도는 우리를 인도하여 그러한 닮음의 완전함에 이르게 하실 것이다. 또한 어두움이 제거된 '영혼의 거울'을 통해 하늘의 빛나는 복된 비전을 회복한다고 기록한다:

> "만일 어떤 사람의 마음에서 모든 피조물과 제어하기 어려운 애욕들이 깨끗이 제거되었다면, 그는 자신의 아름다움 안에서 신적 본성의 형상(Image of the Divine Nature)을 보게 될 것입니다…하나님께서는 밀납에 조각물의 형태를 새기듯이, 하나님 자신의 영광스러운 본성과 닮은 것을 당신의 본성에 새기셨습니다. 그러나 하나님의 형상을 가지고 있는 본성 위에 부어진 악 때문에, 악한 뚜껑 밑에 숨겨진 이 놀라운 것을 당신이 유익하게 이용할 수 없게 되었습니다. 그러므로 만일 당신이 선한 생활에 의해서 당신의 마음 위에 고약처럼 덧붙여진 더러움을 씻어버린다면, 당신의 내면에서 신적인 아름다움이 다시

90. Raymond Blakney, *Meister Eckhart, A New Translation*, p. 83. 인용:류기종 저, 기독교 영성, (서울:열림, 1995), pp.133-134.

빛나게 될 것입니다. 신성(Godhead)은 깨끗함이요, 정욕으로부터의 자유이며, 모든 악한 것들로부터의 분리입니다."[91]

선한 삶이란 성령으로 거듭난 삶이요, 죄악에서 돌이켜 하나님의 형상을 이루는 참 자기로 사는 것이다.

어느 한 은 세공인은 "은이 깨끗하다는 것을 어떻게 압니까?"라는 질문을 받았을 때 "제 모습이 비치는 것을 보고 압니다"라고 대답했다. 정결한 사람에게서 그리스도를 볼 수 있다. 우리 존재의 근원인 하나님의 형상이 드러날 때 죄로 오염된 거짓 자아가 사라지고 참 자아가 현실로 존재한다.

성 어거스틴은 그의 저서 『삼위일체』에서 외면적 세계와 겉 사람은 삼위일체의 흔적만 지니고 있으며 속사람만이 진정한 삼위일체의 형상(imago Trinitatis)으로 간주될 수 있다고 하였다. 어거스틴이 말한 겉사람은 칼 융이 말한 에고에 해당하며, 어거스틴이 말한 속사람은 융이 강조한 하나님의 형상이 새겨진 참 자기를 말해 준다.

칼 융이 말한 겉사람인 자아(ego)와 속사람인 참 자기(Self)에서 겉사람 에고는 사람이 경험하는 의식의 중심으로 생각과 감정과 기억과 감각과 지각의 합계라고 할 수 있다. 이는 정과 욕심과 죄악과 어두운 한에 매인 옛 자기이기도 하다. 인간의 영혼 깊은 곳에 있는 참 자기는 사람 존재 전체의 중심이요, 의식과 무의식을 포용하는 전체 영역으로 하나님의 형상이 새겨진 곳이다. 대개 우울증이나 정신질환은 무의식 속의 참 자기(Self)와 의식 속의 거짓 자아(ego) 사이의 부조화에서 발생한다.

---

91. Gregory of Nyssa, Homily 6 on the Beatitudes [PG 44, cols. 1269D-1272B]). 인용, 기독교 영성 1, 135-136.

융은 하나님의 형상이 새겨진 참 자기(Self)가 겉사람인 자아(ego)를 만나 재 배치를 시켜줄 때(relocate) 치유 변화가 일어난다고 하였다.

융이 말한 표면적 자아와 영혼 깊은 곳의 하나님의 형상인 참 자기는 예수 그리스도의 진리의 말씀을 통해 완성된다. 인간의 생명을 말할 때 예수 그리스도는 이 땅에 속한 낮은 생명과 하나님께 속한 참 생명 두 가지로 말씀하셨다: "자기의 생명(*ψυχήν αὐτοῦ*)을 사랑하는 자는 잃어버릴 것이요 이 세상에서 자기의 생명을 미워하는 자는 영생(*ξωὴν αἰώνιον*)하도록 보전하리라"(요 12:25). 즉, 앞에 나오는 자기 생명(*ψυχὴν*)은 인간의 열등하고 품위가 떨어지는 생명이다. 이는 자기 존재의 근원인 하나님을 떠난 옛 자아 또는 거짓 자기가 될 수 있다. 이것은 성 어거스틴이 말한 하나님의 형상의 흔적만 지니고 있는 것이요, 칼 융이 말한 에고 곧 표면적 자아를 가리킨다. 뒤에 나오는 영생하는 생명(*ξωὴν*)은 "본질적인 생명 그 자체"로서, 하나님으로부터 나온 것이다. 이 참 생명은 사도 바울이 말한 속사람이요, 성 어거스틴과 융이 말한 하나님의 형상인 참 자기를 말한다. 참 자기는 그리스도와 하나님께 속하는 초 자연적인 생명으로 장차 받을 생명이지만 겉사람이 죽고 속사람이 살 때, 이미 우리는 이 영원한 생명을 받아 누리며 산다.[92]

누가가 전하는 기쁜 소식에서도 예수 그리스도는 "누구든지 제 목숨을 구원하고자 하면 잃을 것이요 누구든지 나를 위하여 제 목숨을 잃으면 구원하리라"고 하셨다(눅 9:24). 여기서 목숨은 히브리어로 네페쉬, 헬라어로 푸시케로서, 인간의 일상적 생명과 영혼과

---

92. Arndt & Gingrich, *A Greek-English Lexicon of the New Testament and other Early Christian Literature*, Second Edition, (Chicago and London: The University of Chicago Press, 1979), p.340.

자아를 의미한다. 이는 육체와 구분된 영적인 부분만 의미하는 것이 아니요, 또 단순히 사람의 목숨도 아니며 그 속에 사람의 생활과 행복이 깃들어 있고 그것이 없이는 그의 존재와 삶이 그에게 기쁨이 되지 못하고 고통과 슬픔이 되고 마는 것을 가리킨다. 이러한 목숨을 구하고자 하면 잃을 것이요 그리스도를 위해 잃고자 하면 얻게 된다. 곧, 옛 자아가 그리스도 안에서 십자가에 못 박힐 때, 그리스도와 동일한 형상인 참 자기로 거듭난다. 다음 "그림 IV-2"를 참조 바란다.

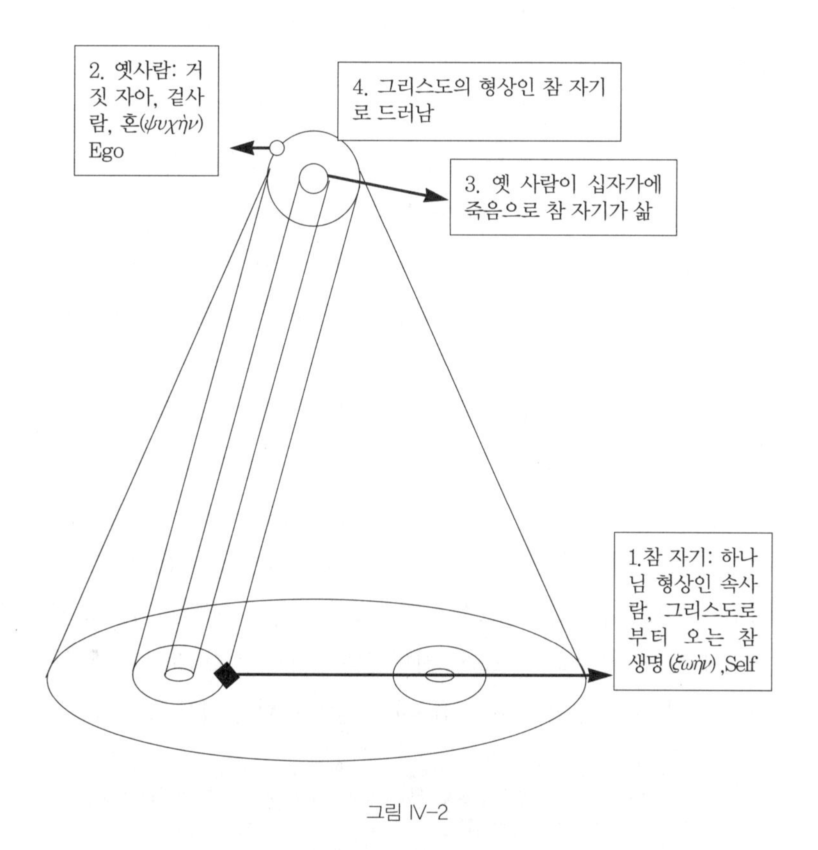

그림 IV-2

나비는 사람에게 치유 변화가 어떻게 일어나는지를 잘 말해 준다. 나비 애벌레는 그들의 알에서 깨어나와 대개 거기에 있는 나뭇잎을 끝없이 먹기 시작한다. 이들 몸이 비대해지면 껍질을 벗는 털갈이를 하게 된다. 이때 몸을 보호하는 새 털들이 나온다. 이 애벌레가 완전히 자랐을 때는 몸의 화학작용이 변하여 전체적인 털갈이를 하며 번데기로 변한다. 번데기로서 낮과 밤을 지나며 죽은 듯한 긴 침묵의 시간을 지낸다. 신기하게도 이러한 자아 포기 단계를 지날 때, 번데기에서 성숙한 나비가 나타난다. 이 나비는 애벌레 속에 감춰어 있던 본래의 모습이다. 이것은 옛 모습과는 전혀 다른 참 모습이다. 우리 인생도 옛 자기의 죽음을 통하여서 거짓 자기와는 전혀 다른 하나님의 형상인 참 자기로 거듭나게 된다.

라인홀드 니버(Reinhold Niebuhr)는 옛 자아가 파쇄되고, 그리스도의 형상을 가진 참 자아가 일어나는 과정을 다음과 같이 설명했다. "자아의 정복은 참된 자아 지식에 대한 피할 수 없는 결과이다. 만일 자기중심적 자아가 이런 상황을 진실히 지각하고 부서질 때, 그곳에서 새 생명의 힘을 경험하게 된다."[93]

하나님의 낯을 피해 달아나던 요나를 큰 물고기가 삼키웠다. 그리고 그 물고기는 요나가 가지 않기를 바라고 피해 달아나던 바로 그곳에 그를 토해 냈다. 가장 고통이 심한 상황, 가장 괴롭고 슬퍼 눈물이 나는 일, "이 잔이 지나가게 하소서"라고 기도하는 겟세마네 동산을 지나서 우리는 비로소 그리스도가 생명인 진정한 자기로 거듭나게 된다. 예수 그리스도도 하나님의 아들이시더라도 고난을 통해 온전케 되셨고, 십자가를 지나서 구원의 근원이 되셨다.

---

93. Reinhold Niebuhr, "Modern Education and Human Values," (University of Pittsburgh Press, 1948), Vol.II, p.35. Quoted in John Gardner, Self Renewal, (NY: Harper& Row, 1963), p.14.

십자가의 요한(John of the Cross)은 "당신은 모든 것에서 완전히 당신 자신을 부인해야만 합니다"라는 시에서 다음과 같이 말한다:

모든 것에서 만족을 얻기 위해
어떤 것에서나 전혀 그것을 바라지 마시오

모든 것을 소유하기 위해
전혀 어떤 것도 가지기를 구하지 마시오

모든 것이 되기 위해
전혀 무엇이 되기를 구하지 마시오

모든 것을 알기 위해
전혀 어떤 것도 알기를 바라지 마시오

이러한 자기 부인을 통과할 때, 먼저 다음과 같은 분리가 일어남을 토저는 말했다. 당신을 하나님의 지고한 은혜의 작품으로 만들기 위해서 하나님은 당신이 가장 사랑하는 모든 것들을 당신의 마음에서 제거하실 것이다. 당신이 믿는 모든 것들이 당신에게서 떠날 것이다. 당신의 가장 소중한 보물들이 있었던 곳에는 잿더미만 남을 것이다.[94]

레오 톨스토이(Leo Tolstoi)는 그 자신을 성찰하면서 오직 다시 태어나기 위해 수백 번이나 그의 혼과 삶이 죽었던 것을 회상했다. 생명이신 하나님이 자살하려던 그에게 생명을 불어넣어 살려 주셨다.

94. A.W. 토저 지음, 이용복 옮김, *나는 진짜인가, 가짜인가*, (서울:규장, 2004), p.138.

그리고 그의 삶의 유일한 목적은 자신을 개선하여 오직 하나님의 뜻대로 하나님을 닮은 삶을 사는 것이 되었다.

함석헌 옹은 거짓 자아를 껍질로 참 나를 하나님의 형상인 씨로 비유해서 다음과 같이 말한다:

"중요한 것은 내 속에… 하나님의 씨를 보는 일이다. 이것은 죄를 지으려 해도 지을 수 없고, 죽으려 해도 죽을 수 없고, 타락해도 더러워지지 않는 생명이다. 죄를 짓고 더러워지고, 타락하고 죽는 것은 '참 나'가 아니요 나의 과피과육을 나로 알고 집착하기 때문이다. 그러므로 복숭아의 껍질과 살을 달라는 대로 아낌없이 주고, 속의 씨를 찾아내듯이 나의 '참 나' 아닌 부분을 잃는 대로 내버려 두고 그 속에 변하지 않는 절대자와 동질이요, 한 모습인 '참 나'를 발견하고 믿는 것이 구원을 얻는 길이요 해탈하는 방법이다. 자아 개조는 여기서부터 시작된다."[95]

조각가 미켈란젤로(Michelangelo)는 "나는 그 대리석 안에 있는 이 천사를 보았고 내가 그를 자유롭게 할 때까지 끌로 팠다"라고 말하였다. 우리도 우리 속에 있는 하나님의 형상인 참 자기가 드러날 때까지 회개하며, 말씀 곧 성령의 검으로 파내어야 한다. 악과 어둠의 혼에 갇혀 있는 영혼이 그리스도의 영를 통하여 자유하게 되어야 한다. 하나님의 형상인 자기가 모든 갇힘에서 자유케 되지 못하면, 진정한 삶은 아직 시작되지도 않았다.

1634년부터 매 10년마다 정기적으로 예수님의 수난극이 독일 오버암머가우(Oberammergau)라는 마을 사람들 사이에서 상연되고

95. 함석헌 저, 김진 엮음, *너 자신을 혁명하라*, (서울:오늘의 책, 2003), pp.191-192.

있다. 그런데 어느 해 수난극의 감독은 그 극에서 연기해야 할 배역에 대해 그가 마음에 품은 사람과 꼭 같은 사람을 두루 찾고 있었다. 어느 날 완벽하게 조각된 듯한 얼굴을 가진 한 사람이 나타났다. 그는 적절히 내려온 아름다운 턱수염도 있었다. 그는 홀멘 헌트의 그리스도 초상화를 쏙 빼닮은 푸른 눈과 모든 것을 가진 사람이었다. 이 사람이 완벽하게 그리스도를 연출하게 될 것이라고 그 감독은 믿었다. 그들은 그를 고용하고 훈련시키고 복장을 입혀 리허설을 하였다.

그 마을의 사람들은 오버암머가우에 있는 이 종교적 체험에 실제 참여한다. 공연 시간이 되자 그는 십자가를 그의 어깨에 메고 갈보리 언덕을 올라가고 있었다. 무리가 고함치며 물건들을 던지고 그에게 침을 뱉었다. 또 군중 속에서 한 사람이 뛰쳐 나와서 그의 얼굴을 철썩 내리 때렸다. 그러자 그 사람은 십자가를 던지고 자기를 때린 자를 잡아 목을 감싸잡고 그의 목을 조이기 시작했다. 그러자 그 감독이 말하기를 "자제하시요. 진정하시요. 당신은 예수 그리스도 같이 보일지라도 명확히 당신 성격에 잘못된 것이 있어요." 그는 계속 말하기를 "예수님은 그렇게 하지 않았어요. 예수는 그의 적을 용서하셨어요. 그는 그를 욕하고 핍박하고 그에게 침을 뱉는 자들을 용서하셨어요. 당신은 그렇게 행동해서는 안 됩니다. 만일 당신이 그리스도가 되려면 이렇게 해서는 안 됩니다. 당신의 자리에 돌아가시오. 한 번 더 해 봅시다." 그러자 그는 알았다고 대답했다.

그는 다시 십자가를 지고 언덕을 올라가기 시작했다. 그러자 군중들이 다시 몰려들기 시작했다. 군중들이 돌멩이를 그에게 집어던지는가 하면 침을 뱉고 모욕들이 퍼부어졌다. 그리고는 한 사나이가 다시 군중에서 나와서 그의 얼굴을 사정없이 때렸다. 그러자 그는 그 사람을 노려보면서 "내가 부활한 후에 보자"라고 사정없이 쏘아 부쳤다.

C.S. 루이스(Lewis)는 『순전한 기독교』에서 우리의 자연적 자아를 지키면서 개인의 선과 행복을 추구하려 함은 마치 엉겅퀴에서 무화과 열매를 맺으려 함과 같다고 하였다. 곧 우리의 자연적 자아를 주님께 다 넘겨드릴 때 그리스도로부터 오는 참 자기를 갖게 됨을 기록하고 있다. 그리스도는 다음과 같이 말씀하신다고 주장한다.

"나에게 전부를 다오. 나는 너의 시간이나 돈이나 일을 원치 않는다. 나는 '너'를 원한다. 나는 너의 자연적 자아를 괴롭히려 온 것이 아니라 죽이러 왔다. 미봉책은 필요없다. 나는 여기 저기 나뭇가지를 쳐 내는 것이 아니라 나무 자체를 아예 뽑고 싶다. 이를 뚫거나 씌우거나 막는 것이 아니라 아예 뽑고 싶다. 너의 자연적 자아 전부를, 네가 악하다고 생각하는 욕망이나 죄 없는 욕망을 가리지 말고 전부 내게 넘겨다오. 그러면 그 대신 새 자아를 주마. 내 자아를 주마. 그러면 내 뜻이 곧 네 뜻이 될 것이다."

한 번은 어떤 제자가 아바 요셉(Abba Joseph)에게 와서 다음과 같이 말했다. "저는 가능한 계율도 지키고 금식도 하고 기도도 했습니다. 그러나 할 수 있는 데까지 마음 속에서 모든 악한 생각을 제하고 모든 나쁜 의도들도 없애 버리려고 애쓰고 있습니다. 이제 더 이상 무엇을 해야 할까요?" 그러자 아바 요셉은 일어서서 두 손을 하늘로 향하여 들었다. 그의 손가락은 마치 열 개의 등불처럼 보였다. 그러면서 그는 이렇게 대답하였다. "왜 자신을 불 속에 넣어 완전히

96. 인용: 리챠드포스터 저, 송준인 역, *기도* (서울:두란노, 1995), p.19.

변화받지 않는가?"[96]

우리의 옛 자기를 십자가 용광로 속에서 완전히 불태울 때, 비로소 그리스도로부터 나오는 살아 있는 하나님의 형상인 참 자기로 태어난다.

광석에서 정금을 추출하기 위해서는 메니큐어 세트가 아닌 굴삭기와 용광로가 필요하듯이 죄악과 한으로 범벅이 된 사람에게 그리스도의 형상이 이루어지기까지는 영혼이 부스러지고, 마음이 녹아내리는 영적 제련소를 지나게 된다. 활활 타오르는 용광로 속에서 제련된 정금처럼, 고난의 불 속에 우리 자신을 완전히 넣어 불사를 때, 우리는 비로소 모든 거짓 자아가 떨어져 나가고 참 자기로 나오게 된다.

욥은 고난을 통해 온전케 되는 자기를 바라보면서, "내가 가는 길을 그가 아시나니 그가 나를 단련하신 후에는 내가 순금같이 되어 나오리라"고 외쳤다(욥 23:10).

전설의 새인 붕새는 꼬리는 고기요 머리는 새이다. 이 붕새는 구만리 창공을 날기 위해 바다 위로 삼천리를 달려 나아가는데, 꼬리 뒤로 일어나는 물보라는 하늘을 덮는 먹구름과도 같다고 한다. 붕새가 삼천리 이륙의 불같은 고통이 없었다면 결코 구만리 창공을 날 수 없었을 것이다.

콩은 삶지 않을 때 아무런 냄새가 없다. 그런데 뜨거운 물에서 익혀지는 콩은 냄새를 발한다. 마찬가지로 십자가 고난의 불 속에서 익혀진 사람은 참 자기의 생명인 그리스도의 향기를 낸다.

"나의 하나님, 나의 하나님, 어찌하여 나를 버리셨나이까"라고 울부짖으며 그리스도와 함께 십자가에 못박혀 죽을 때 성령 안에서 부활의 권능을 이미 체험하며 그리스도와 동일한 형상을 이루는 하

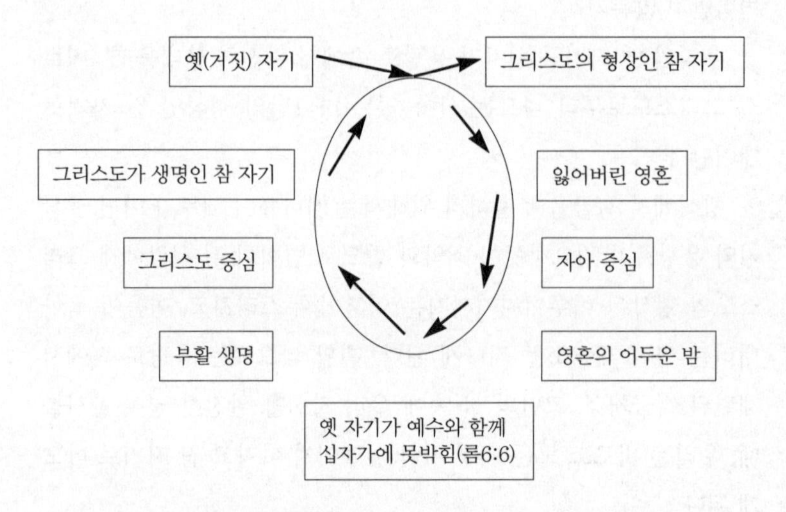

그림 IV-3. 그리스도의 죽음과 부활에 동참하여 그리스도 형상으로 거듭남

나님의 자녀로 거듭난다. 다음 "그림 IV-3" 을 참조 바란다.

라인슈미트(A.E. Reinschmidt) 는 "이기는 그에게는 내가 내 보좌에 함께 앉게 하여 주기를 내가 이기고 아버지 보좌에 함께 앉은 것과 같이 하리라"(계 3:21)는 말씀에서 사람이 그 보좌에 앉기 위해 이겨야 할 것은 자기 자신이라고 하였다. 그리스도의 사람은 승리자이신 그리스도 안에서 옛 자기를 이겼고 새 사람이 되었다.

사도 바울은 우리에게 하나님의 형상인 새 사람으로 거듭나기 위해서, 옛 사람을 버리고 심령을 새롭게 하고, 새 사람을 입으라고 하였다(엡 4:22-24). "각 영혼들은 신체를 가졌고, 현자들의 영은 덕을 옷으로 소유하고 있다" 라고 필로는 말하였는데, 영지주의에서는 하늘의 옷이나 빛의 옷은 인간의 진정한 자기, 인간의 천상적 현상을 나타낸다. 인간은 본래의 자기 형상으로 해방되어야 한다. 도

마의 시를 보면, 왕의 아들이 땅으로 내려올 때, '화려한 옷' 을 잃어 버렸지만, 하늘의 본향으로 되돌아 갈 때에는 그 옷을 되찾았다고 묘사되어 있다. "나의 부모는 발칸의 언덕들에서 내가 벗어 놓았던 화려한 옷을 이곳으로 보내 주셨다. 비록 나는 그 옷의 가치를 알지는 못했지만 — 왜냐하면 나는 어렸을 적에 내 아버지의 집을 떠났기 때문이다. 마치 거울의 내 모습을 보는 것처럼 그 옷이 내 자신과 갑자기 꼭 같아졌다". [97]

그리스도의 형상을 이루어 가는 진정한 자기는 그 속에서 생명의 영이 흘러나와 사람들을 변화시킨다.

워치만 니(Watchman Nee)에 의하면, 하나님께 크게 쓰임받은 어떤 광부가 『보여지고 전해졌다』는 자신의 책을 썼다. 그 책에서 그는 복음을 전할 때의 자기의 경험을 이야기하는데 우리는 깊은 감동을 받게 된다. 그는 평범한 형제로서 비록 고등교육을 받았으나 어떤 특별한 재능을 타고나지는 못했어도 자기 생명을 주님께 전적으로 바쳐 주님께 강하게 쓰여졌던 것이다. 그의 한 가지 특징은 그가 깨어진 사람이었다는 것이다. 그의 영은 쉽게 흘러나왔다. 그가 어떤 집회에서 설교자에게 귀를 기울이고 있을 때 그는 사람들에게 너무 부담감을 느껴 청중에게 말할 수 있게 해 달라고 설교자에게 허락을 구했다. 허락을 받은 후 그는 강단 위로 올라갔다. 하지만 그에게서 말은 나오지 않았다. 그의 속사람은 영혼들을 위한 격정으로 불타올라 눈물이 억수같이 흘러내렸다. 그는 모두 합해서 앞뒤가 맞지 않는 한두 마디를 떠듬떠듬 말할 수 있을 뿐이었다. 그러나 하나님의 영이 그 집회를 가득 채우셨으므로 사람들은 그들의

97. A. Adam, Die Psalem des Thomas und das Perlenlied als. Zeugnisse vorchristlicher Gnosis (BZNW 2) (Berlin 1959), p.53.

죄와 자신들의 길 잃은 모습을 깨닫게 되었다. 여기에, 십자가를 지고 그리스도의 형상으로 거듭난 한 젊은이가 말은 몇 마디 하지 못하였으나 깨어짐을 받은 그의 영이 온전히 흘러 나왔을 때 사람들을 크게 움직였던 것이다. 그는 그리스도와 동일한 형상을 이루어 가는 참 자기로서 천국을 확장하는 큰 기둥이 되었다.

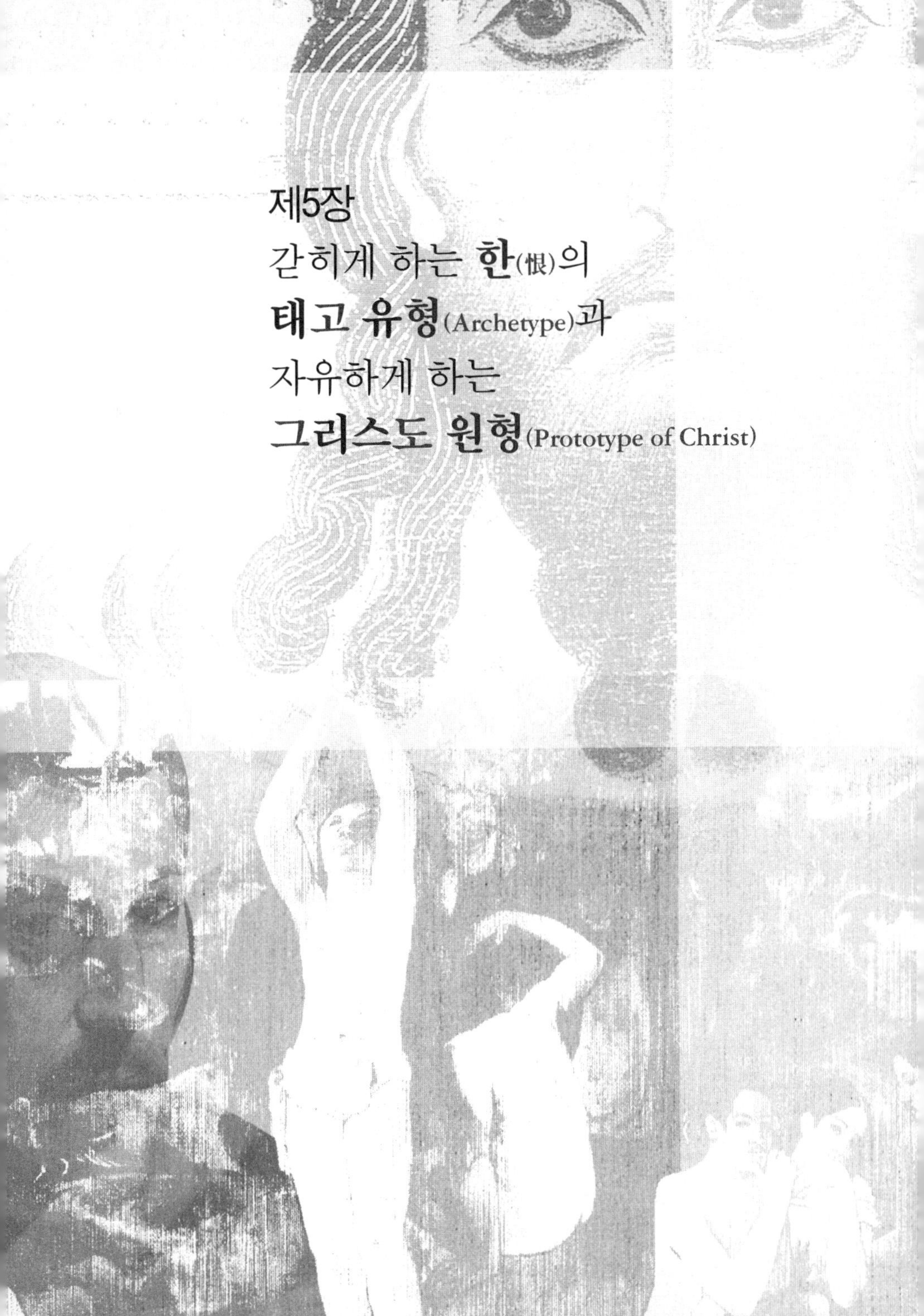

제5장
갇히게 하는 **한**(恨)의 **태고 유형**(Archetype)과 자유하게 하는 **그리스도 원형**(Prototype of Christ)

1. 한(恨)의 태고 유형(太古類型)

영어로 아케타이프(archetype)란 우리말로 풀이하면 태고 유형으로, 이는 국어사전에 '인간의 정신 내부에 존재하는 조상이 경험한 것의 흔적' 이라고 번역되어 있다.

심리학자 칼 융은 이러한 것에 대하여 말하기를, "인생의 전형적인 삶의 사건, 장면과 같은 수많은 태고 유형들(archetypes)이 있다. 이는 무한한 반복에 의해 이러한 경험들이 인간의 정신 속에 새겨진 것이다"라고 하였다. [98]

융에게 있어서 근본적인 태고 유형은 하나님의 형상인 우리의 참 자기를 가리켰으나, 죄악으로 깨어진 사람의 정신 속에 여러 인간적이거나 한 맺힌 다른 태고 유형들이 마음 깊이 새겨지게 되었다. 그리하여 사람들은 무의식 속에 내재된 양식이나 생각의 유형에 따라 사고하고 행동한다.

98. 칼 융, Collective Works, vol.9i.P.48

가령 대지(大地)라는 말을 들으면 대자연의 넓은 땅이 떠오른다. 어머니란 말을 들으면 사랑이 생각난다. 무의식 속에 내재된 생각은 선 경험적으로 사람의 경험을 조직하게 된다. 타락한 사람의 마음속에 있는 음란한 난봉꾼, 미움과 분노에 갇혀 피를 흘리는 드라큘라, 악으로 치우친 형태들은 어두운 한의 태고 유형들이다.[99]

이러한 인간 속에 있는 한의 태고 유형들을 보신 듯, 그리스도는 다음과 같이 말씀하셨다:

> "속에서 곧 사람의 마음에서 나오는 것은 악한 생각, 곧 음란과 도둑질과 살인과 간음과 탐욕과 악독과 속임과 음탕과 질투와 비방과 교만과 우매함이니 이 모든 악한 것이 다 속에서 나와서 사람을 더럽게 하느니라"(막 7:21-23).

인간 정신에 붙어 다니는 태고 유형들은 '어떤 지각과 행동의 단순한 가능성을 나타내는 알맹이 없는 형태들로서,[100] 잠자고 있다가 동화, 신화, 꿈, 무의식 수준의 이야기나 현실의 삶과 사건에서 나오는 이미지를 만나면 강하게 활동하기 시작한다. 풍력 발전소에서 바람의 힘을 이용하여 빛과 열을 내는 전기로 바꿔 주듯이, 이미지들은 무의식으로부터 에너지를 해방시켜 행동으로 변형시켜 준다. 태고 유형의 이미지들이 본능 곧 정서를 제공하는 자율신경계에 연결될 때 복부와 정서가 영향을 받으며, 이미지는 힘을 갖고 효력을 발생하게 된다.[101]

---

99. 이러한 거짓 자기들을 버리고 하나님 형상인 참 자기를 찾을 때 온전해진다.
100. Jung, CW 9/1, p.48.
101. There are two different nervous systems: Central nervous system is cerebral, and mind. Autonomic nervous system is emotion (gut feelings).

여러 가지 태고 유형 중에서도, 이 책에서는 모든 인간적인 것과 어둠의 혼 및 악한 영 그리고 절망과 죽음에 관계된 인간을 갇히게 하는 것들을 한의 태고 유형(太古類型)으로 분류하였다.

한의 부정적인 면을 가진 태고 유형은 죄악 속에 타락한 인간이 경험한 것으로 사람의 정신 속에 혹같이 붙어 있다. 물론 양성과 악성이 있다. 이러한 한의 태고 유형은 하나님과 우리 자신으로부터 소외되게 하고 본래의 자기를 잃게 한다. 인간을 파괴하려 한다.

앤드류 박은 죄악으로 피멍이든 태고 유형의 핵인 한에 대해 이야기하면서 어떤 하나의 비통한 사건도 사라지지 않고 세상의 슬픔 곧 우주적 한에 보유된다고 하였다.[102] 모든 세상의 슬픔과 고통의 공통분모는 한이다. 시인 로버트 블라이(Rebert Bly)는 엘리스 밀러(Alice Miller)의 책을 인용하면서, 한 맺힌 분노가 인간 종족 5000년의 삶에서 잘 보존되어 왔다고 하였다.[103] 개인의 상처와 분노, 가족의 한이 인간 집단 무의식에 있는 한의 화약고에 점화되면 그 영혼은 열을 받아 폭발한다.

독일어 말 중, 해가 멍든 것을 연상하는 'Hemmung' 은 보이지 않는 이상한 끈의 방해를 받아 인간의 무기력하고 무감각해진 감정을 표현하는 말이다.

희망의 신학을 부르짖은 몰트만(Moltmann)은 인간을 잡아매는 이상한 끈과 같은 어두움의 세력에 대해 다음과 같이 말한다.

인간의 관계들 속에서, 개인들과 세대들의 공유된 경험을 넘어서, 사람들의 심리 자세와 외부의 관습에 고정된 형태를 습득하는

102. A. S. Park, *The Wounded Heart of God: The Asian Concept of Han and the Christian Doctrine of Sin*, pp.41-42.
103. Robert Bly, *A Little Book on the Human Shadow*, (NY: HarperCollins Publishers, Inc.,1988), p. 24

집단적인 경험이 있다. 이들이 개인의 자기 자신에 대한 경험을 구체화하고(대개 무의식적으로), 익명으로 한 사회의 집단적 행동과 가설을 조정한다. 이들 형태들이 공동의 생활을 하게 하지만 이들 역시 맹목적이고 죄 된 것이다. 만일 사람들이 이것들로부터 개인적으로 관계를 끊으려 해도 자신들 스스로를 해방할 수 없는 공동적인 경험들이 있다. 왜냐하면, 이러한 것들은 자신을 계속적으로 따라붙기 때문이다.[104]

무의식에서부터 인간을 따라붙는 한(恨)의 태고 유형들(archetypes of Han)은 모든 어둠의 혼과 악의 영 그리고 죄로 물든 세상에 사는 모든 인간적인 것으로 구성되어 있다. 한의 태고 유형들(archetypes)은 거짓 자아 중심으로 세상의 초등 학문과 죄, 어둠의 혼과 악한 영의 영향을 받는다. 이것은 바울이 말한 인간 '지체 속의 죄의 법' (롬7:23)과도 깊은 연관이 있다. 이 유형들(archetypes)은 우리의 손상된 하나님의 형상 안에 독충같이 비집고 들어온 것으로, 인간을 갇히게 하고 소외시키고 멸망시키려는 독가스와 같다. 죄악으로 물든 수천 년간의 고통스런 역사에서, 인간의 영혼은 세상에서 온 한의 태고 유형들에게 속박되어 왔었다.

파괴적인 한의 태고 유형(archetype)들은 악한 영의 밥이기도 하다. 사도 바울은 기록하기를, 악의 영 곧 "이 세상의 신이 믿지 아니하는 자들의 마음을 혼미하게 하여 그리스도의 영광의 복음의 광채가 비치지 못하게" 한다(고후 4:4)고 기록한다.

내가 여러 해 전 어느 주일 오후에 설교하고 있을 때, 한 외국 젊은이가 예배당에 들어와서 뒤에 앉아 유심히 내 설교에 귀를 기울였다. 그는 예배가 끝나자 내게 다가와 자신은 조금 전 사탄숭배 모

104. Jurgen Moltmann, *The Spirit of Life*,(Minneapolis: Fortress Press, 1992), p. 26.

임에서 사탄의 술을 마시고 왔다고 하였다. 사단은 그리스도로부터 오는 권위를 결코 가질 수 없지만 그는 설교하는 나의 권위를 자신도 갖고 싶다고 하였다.

래리 폴란드(Larry Poland)에 의하면, 블랙메탈이나 죽음의 메탈(death metal)류의 록 혹은 랩 그룹들은 사탄의 메시지를 전파하며 심지어 어둠의 왕(the Prince of Darkness)에 대한 경배를 불러일으키기도 한다. 그런즉, "우리의 씨름은 혈과 육을 상대하는 것이 아니요 통치자들과 권세들과 이 어둠의 세상 주관자들과 하늘에 있는 악의 영들을 상대함이라"(엡 6:12).

유대인이 외경에 대해 저술해 놓은 슈데피그라파(Pseudepigraha)도 우리에게 혈육으로 하지 않는 싸움이 있다는 것을 알았다. "땅은 악령으로 가득 차 있다. 인간은 그들에 의해 오염된다. 거의 모든 불행들, 이를테면 질병, 가뭄, 죽음, 특히 언약을 신실하게 지키지 못하는 인간의 나약함들은 그 악령들로 말미암는다. 하늘과 땅 사이에 있는 지역은 악령들과 천사들에 의해 어지럽혀져 있으며, 인간은 종종 그런 우주적인 세력에게 볼모가 되어 무기력한 존재로 보이기도 한다."[105]

한의 태고 유형은 인간을 파멸하려 하나 그리스도의 영은(Prototype)은 생명과 자유를 가져다주며 사람을 살린다.

한(恨)의 태고 유형(archetype)은 아주 오랜 옛날부터 인간 정신 속에 자리 잡은 틀로서 인간을 가두어 왔다. 인간의 연약함과 죄악과 죽음과 관계된 한의 태고 유형을 그리스도께서 십자가를 지고

105. Clinton E. Arnold, Ephesians: Power and Magic (New York, N.Y.: Cambridge University Press, 1989), p.47. 인용: 케이 아더 저, 김경섭 외 역, *영적 전투*, (서울:프리셉트, 2002), p. 21.

이미 무력화시키고 무효화했다. 그러므로 한의 태고 유형은 그리스도 안에 있는 자에게는 이미 그 힘을 상실한 옛날의 흔적이다. 마치 이 빠진 독사 같다. 그러므로 태고 유형이라 부르기에 더 적절하다. 그리스도 안에 있는 자에게는 죄악과 죽음과 한의 태고 유형은 그 힘을 잃어버렸다.

여름날 바닷가에 나가 보면 빈소라 껍데기 속에 들어가 공생하는 게를 찾아볼 수 있다. 그 게가 알맹이 없는 소라 껍데기 속에 살다 보니, 그 조그만 게가 움직이는 대로 소라 껍데기는 움직인다. 사람도 그 영혼을 무엇이 움직이는 가에 따라 그 운명이 결정된다. 한의 태고 유형에 묶여 있으면, 어둠과 죽음의 구렁으로 떨어지나, 그리스도의 영을 따라 살면 빛과 생명으로 나아간다. 한의 태고 유형에 갇혀 자기를 잃고 죽어 가는 영혼이라도 참 자기의 살아 있는 원형(Prototype)인 그리스도와 연합할 때, 영원한 생명으로 살아나고, 영원한 승리를 누리게 된다.

다음은 자신을 가두었던 어두운 한의 태고 유형에서 자유케 된 한 영혼의 간증이다.

여대생 현영은 원래는 밝은 성격인데 평소 왜 우울하게 생활해 왔는지 알지 못했었다. 그러나 그녀는 어려서 외롭고 가끔 소름끼치게 공포에 떨며 살았던 자신을 발견했다. 그녀의 아버지는 알코올과 노름에 중독되어 조상으로부터 물려받은 논과 밭 그리고 산을 다 잃어버렸다. 그가 술에 만취해 집에 들어오면 온 가정이 공포에 휩싸였다. 그녀의 큰 어머니는 삼대 독자인 자기 아버지와 결혼하였으나 아기를 낳지 못해 산에 가서 산불을 켜다가 그만 정신 이상이 되었다. 그리고 현영의 집에서 한 오리쯤 떨어진 산 계곡에 홀로 살고 있었다. 가끔 그녀의 큰 어머니는 옥수수 밭에서 무섭게 낫을 휘두르며, 마을에 나타나 분노에 찬 목소리로 울부짖곤 하였다. 그녀가 집밖에 나와 있을 때면, 길 가는 아이들이 그녀에게 돌멩이 세례를 퍼붓는 것을 보고 어린 현영은 마음이 아팠다.

노름으로 가산을 탕진한 아버지의 무력함과 큰 어머니의 정신질환이 가져온 공포의 분위기는 어린 현영을 수치심에 기반을 둔 거짓 자아로 만들었다. 엎친 데 덮친 격으로, 현영이가 초등학교 5학년 때쯤, 그녀의 아버지는 결핵으로 많은 피를 토하였고 초등학생인 그녀의 오빠가 아버지께 주사를 놓아드렸다.

공포와 학대 속에 자라난 현영의 친 어머니는 6.25 사변을 전후하여 처녀로서 공산군에게 끌려 갈 뻔하였다. 그녀의 삼촌은 인심이 많고 사랑스런 청년이었으나 부자(附子)가 든 약을 잘못 먹고 광란 속에 목숨을 잃었고 그녀의 조카는 6.25 사변 때 군인으로 가서 목숨을 잃었다. 그녀의 아버지는 전쟁 후 기아 상태로 죽었지만 현영의 어머니는 장례식에도 참석할 수 없었다. 현영의 어머니는 결혼하고도 계속되는 어려운 문제들로 인해 신경이 더 약해져서 홧병에 걸리고 말았다.

일 년에 한두 번씩 이웃집을 향해 외치는 광기에 찬 어머니의 발작은 어린 현영의 영혼을 사정없이 강타하였고, 지우기 힘든 상처를 남겼다. 현영은 그녀 가정에 있는 많은 문제들로 인해 그녀 자신의 욕구와 감정은 말살된 지 오래되었다. 그녀의 감정은 꽁꽁 얼어붙어 있어서 나중에 그녀의 아버지가 죽었을 때도 눈물이 한 방울도 나오지 않았다.

어린 시절을 이런 환경에서 자라 온 현영은 고등학교를 졸업하고 직장에 들어가서도 무의식적으로 아드레날린이 분비되는 공포

상황에서 자신을 학대하며 생활했었다.

더욱 불행한 것은 그녀의 가정을 위해 자신을 희생하며 온 가족을 부양하던 사랑하던 오빠가 스스로 목숨을 끊고 말았다. 오빠는 잘 생기고 공부도 잘하고 사랑이 많았으나 이미 노름으로 전 재산을 탕진한 가정에서 중학교에 갈 수도 없었다. 그는 5일 동안이나 울었다고 한다. 친구들은 다 학교에 가는데 자신은 갈 수 없고 오히려 고된 노동을 하여 장남으로서 가사를 돌보아야만 했다. 오빠는 무척이나 살려고 했는데 그것이 쉽지 않았다.

현영은 어느 날 밤, 광풍이 불어 나무가 쓰러지고 천둥 번개가 치는 무섭고도 충격적인 꿈을 꾸었다. 며칠 후 새벽에 우체부가 '오빠 사망' 이라는 전보를 가지고 왔는데 그 꿈을 꾼 시간이 바로 사랑하는 오빠가 이 땅에서 고통 가운데 그의 귀한 생명을 끊어버린 시간이었다. 현영의 오빠는 희생양이 되었다.

우울했던 현영의 삶은 유진 오닐(Eugene O'Neill)의 이야기 속에서도 찾아볼 수 있다. 어두운 가족의 혼이 자신을 갇히게 함을 깨달은 유진 오닐은 그의 연극, "밤으로의 긴 여로"에서 자라 온 가족의 영향력을 물리치기 위한 시도로서 자신의 가족을 재현시켰다. 타이론(오닐의 아버지가 모델)에게 과거를 들추지 말라는 말을 들은 메리(오닐의 어머니가 모델)가 "그럴 수는 없어요. 과거는 현재잖아요. 미래이기도 하구요. 모두 과거로부터 도망치려고 하지만 인생은 허락해 주지 않아요"라고 대답했듯이,[106] 현영은 가족의 어두운 혼 속에 자기를 잃고 살아왔었다. 뿐만 아니라, 현영은 가정의 모든 문제들과 남의 태도를 자기 것으로 흡입함으로 우울했고, 분노와 적개심

106. E. O'Nell, *Long day's Journey into night*, (New Heaven: Yale University Press, 1955), p.87. 인용: 맥골드릭.걸슨저, *가계분석가계도*, (서울:홍익제, 1999), p. 108.

의 희생자가 되었다.

어려서부터 전쟁보다 무서운 공포의 분위기에서 자라온 현영은 그녀에게 어려운 일이 닥칠 때마다 불안에 떨었다. 원래는 햇볕보다 밝은 그녀의 성격이 먹빛보다 검게 칠해져 있었다. 그녀는 단 하루라도 기쁘게 살았으면 한이 없을 것 같았다.

그런데 그녀가 그리스도의 살리는 영 안에서, 상한 심령이 치유되기 시작했다. 부활이요 생명인 그리스도의 영 안에서 죽어가던 영혼이 영원한 생명으로 살아나게 되었다. 그리스도를 죽은 자 가운데서 살리신 하나님을 믿으니 부활의 권능을 체험하며 소망이 솟아났다. 그녀는 사랑하는 오빠와 천국에서 영원히 함께 살 것도 믿음으로 바라보게 되었다. 그녀의 슬픔은 기쁨으로, 어둡던 성격은 밝고 명랑하게 변화되었다.

현영은 자신을 향한 하나님의 한없는 사랑을 성령 안에서 깨달으며 잃었던 진짜 자기를 찾았다. 각양 좋은 은사와 온전한 선물이 다 위로부터 빛들의 아버지 하나님으로부터 내려옴을 알았다. 현영은 자기를 위해 죽으심으로 부활하신 그리스도 안에서 자신도 그 안에서 죽었고, 참 자기로 이미 살아났음을 믿으며 이미 이 땅에서 부활의 삶을 맛보며 살게 되었다. 현영은 그리스도와 동일한 형상을 이루어 가는 하나님의 자녀로서 상처 입은 많은 사람들에게 하나님의 치유의 존재(Healing Presence)가 되었다.

2. 한의 태고 유형(archetype)을 이기는 그리스도 원형(Prototype)

필자가 애즈베리 신학대학원을 졸업할 때, 동료 학생들의 요청으로 졸업생 대표로 말씀을 전하게 되었다. 처음에는 자신이 없어 거절하였지만, 결국 살아계신 사랑의 주님을 증거하게 되었다. 그 날, 에스테스 채플을 꽉 메운 사람들이 찬양을 할 때, 필자는 성령이 우리의 영과 더불어 채플 천장까지 가득 차게 임재하심을 느낄 수 있었다. 바람과 열기는 보이지 않으나 몸으로 느낄 수 있듯, 살아 역사하는 성령이 그날 졸업 기념 예배에 참석한 수많은 영혼들과 나를 안아 주시며 나의 간증을 기쁘게 받으셨다. 이 성령 안에서, 우리는 그리스도의 원형을 만날 수 있다.

많은 영혼들이 악한 영과 어두운 한의 태고 유형에 갇혀 있는데, 오직 그리스도의 생명의 영 안에서 자유함을 얻게 된다. 모톤 켈시(Morton Kelsey)는 인간의 성장을 위한 가장 중요한 문제를 다음 두 가지로 지적해 준다.

어떻게 우리는 우리 자신들의 모든 것을 하나님 사랑의 충만한 데로(그리스도 원형) 가져올 것인가? 그리고 어떻게 우리는 어두운 파괴적인 세력들에 의해 전염된 불일치(한의 태고 유형)에 우리 자신들이 빠져 들어가는 것을 막을 수 있는가?[107]

모든 어두운 파괴적인 세력들을 이기고 승리하신 예수 그리스도 안에서 우리는 영원한 승리자로 살게 된다. 악과 한의 태고 유형 속에는 사탄이 거할 수 있지만, 그리스도, "구세주는 악을 정복하고 사탄과 한의 태고 유형(archetype)을" 무효화시킨다.[108]

나의 수업을 들은 한 건장하고 잘 생긴 27세 정도의 남학생이 상담을 요청했다. 그는 김동일(가명)씨로서 결혼한 아내를 학대하다가 4개월 만에 헤어졌다. 그는 서울의 어느 부잣집 딸과 재혼을 하였지만 사업도 실패하고 6개월 만에 다시 이혼했다. 그에게는 자살이 유일한 출구 같아 보였다. 동일 씨는 살아보려고 일본과 오스트레일리아 등 전 세계의 좋다는 세미나에도 참석해 보았지만 다 헛고생을 하였다. 그런데 그가 하나님의 영이 임재 하는 그리스도 원형 안에서 잃어버린 자기를 찾고는 기뻐했다.

그는 어렸을 때, 불행한 가정에서 아버지의 학대를 받으며 고통 가운데 살았다. 한번은 그의 아버지가 장난감 말을 사 주었다. 어린 그가 말 위에 앉아 말놀이를 할 때 갑자기 그의 아버지가 자신에게 다가와, 말에게 채찍질 하는 것을 가르쳐 준다며 자기 몸을 말채찍으로 피멍이 들기까지 때렸다. 어떤 때는 오줌을 흘리면서 맞기도 했다.

그의 아버지는 밤마다 가위눌림을 하면서 잠을 잤고, 자살 충동이 있었는데 그때마다 어린 아들인 자기를 데리고 동반 자살을 하

107. Morton Kelsey, *Christo-Psychology*, (NY:Crossroad, 1982), p. 92.
108. Kelsey, *Christo-Psychology*, p. 135, p.138

려고 하였다. 그의 아버지도 어릴 때 할아버지로부터 학대와 버림을 받고 자랐다.

동일 씨 할아버지는 56세 때, 6살 난 어린 딸에게 막걸리를 사오라고 시켜서 술에 약을 타서 먹고 자살하였다. 이 어린 딸은 나중에 결혼하여 스위스에서 살았으나 그녀의 남편은 40세 중반에 권총으로 자살하였다. 그녀의 언니는 암으로 죽었다. 그녀의 오빠들도 성공하는 듯하였으나 30대 후에는 한 가정씩 몰락하였다.

이러한 자녀들을 두었던 동일 씨 할아버지는 동네 의사였다. 그는 결혼 후 동일 씨의 아버지를 낳았다. 그러나 할아버지는 고생해온 아내를 버리고, 동네의 다른 여자를 얻어 서울로 가 버렸다. 함께 살던 어머니도 1년 후 재혼하여 자기를 버리고 가 버리자, 동일 씨 아버지는 어린 나이에 혼자 남게 되었다. 어린 소년은 수소문하여 자신의 아버지를 찾아 서울로 갔다. 그의 아버지는 멀리서 찾아간 아들을 학대하며 빨래와 청소만 시켰다. 동일의 아버지는 그 집을 나와서 고아원으로 들어갔다.

그는 고아원에 들어가서 여러 해 동안 고생하여 번 돈을, 군에 갈 때 고아원 원장에게 맡겼다. 그가 제대한 후 그 여자 원장을 찾아갔을 때는, 그녀는 이미 모아 놓았던 그의 돈을 사이비 교주에게 다 갖다 바친 후였다.

그 후 동일 씨 아버지는 필리핀으로 밀항을 하다가 체포되어 심하게 구타당한 후 귀환하였다. 그는 결혼 후에도 자살 충동을 느끼며, 동일 씨를 구타했다. 동일 씨는 고통스러울 때마다 이불 속에 머리를 넣고 실컷 울었다. 어른이 된 지금도 고통스러울 때 이불 속에 머리를 파묻고 운다고 했다.

구타를 당하던 동일 씨가 남을 구타하고 왔을 때는 아버지가 사탕을 하나씩 그에게 주었다. 동일 씨 부모는 고등학생이 된 동일 씨를 문제 학생으로 의심했다. 어느 날 동일 씨 아버지는 골프채로 동일 씨의 머리를 세차게 때렸다. 동일 씨는 그 자리에서 의식을 잃고 쓰러져 병원에 실려 가 뇌수술을 받았다.

동일 씨는 가출을 했다. 약 25년이 지난 후 하와이에서 아버지를 만났다. 아버지와 둘이 식탁에 앉았는데 시계 바늘 소리만 들리는 침묵 속의 긴장이 불행했던 어릴 때의 집 분위기와 변한 것이 하나도 없었다. 자정이 지나자 방에서 자고 있는 아버지는 아직도 가위눌림으로 잠을 설치고 있었다. 동일 씨는 아버지를 죽이고 싶었다. 그 다음날 신변의 위험을 느낀 아버지는 경찰에 보호를 요청하고, 아들을 쫓아내었다.

그 후 오랜 세월이 지났지만, 동일 씨는 아직도 해결되지 않은 분노와 우울과 좌절 가운데 죽기만을 바라고 있었다. 그는 한 맺힌 상처와 가족의 어두운 혼 그리고 악의 영 등 한의 태고 유형의 포로가 되어 괴로워하며 살아왔다.

그러한 그가, 진리와 사랑의 영이 임재 하는 그리스도 원형 안에서 잃어버렸던 자기를 찾았을 때, 참 빛을 발견했다. 모든 이해할 수 없었던 그에게 일어난 사건들이 그리스도 안에서 하나로 연합하여 선을 이루었고, 자신에게 그리스도의 형상이 이루어지게 도와줌을 깨달았다. 성령의 치유하시는 은혜 가운데, 그는 모든 갇힘에서 해방되어, 그리스도와 동일한 형상을 이루어 가는 참 자기로 드러났다.

"하나님께서는 미리 아신 사람들을 택하셔서, 자기 아들의 형상과 같은 모습이 되도록 미리 정하셨으니"(롬 8:29), 하나님의 택하심을 받은 사람인지 아닌지 알 수 있는 유일한 표시는 이 사람이 그리스도와 동일한 형상을 이루어 가는가 아닌가에 달려 있다.

오랫동안 인간은 하나님의 영광에서 떠나 죄악으로 물든 한의 태고 유형(archetype)에 갇힌 삶을 살아왔다. 로버트 스티븐슨(Robert Stephenson)이 지은 『지킬 박사와 하이드 씨』(1886)는 어두운 한 속에 갇혀 존재의 딜레마에 빠진 인간의 모습을 잘 묘사해 준다.

헨리 지킬은 부유하고 존경받는 의사로서 신앙심이 깊은 박애주의자이다. 그러나 그는 빛나는 그의 인격이 몸서리칠 만큼 다른 어두운 그림자도 가지고 있는 것을 의식하며, 자신이 하나가 아닌 둘이라는 것을 발견한다. 그는 그의 이중적인 성격을 둘로 분리시켜 따로 거처할 곳을 주면 나쁜 자아를 떼어 놓을 수 있을 것 같았다. 그래서 그는 자신의 분신인 하이드 씨의 악한 성격과 기형의 몸을 드러내는 약을 개발하였다. 그는 하이드 씨를 통해 미움과 살인 등의 악한 감정들을 분출할 수 있었고, 이제 그 자신으로부터 하이드 씨를 영원히 제거한 줄 알았다. 그런데 없어진 줄 알았던 하이드가 점차 자신의 통제를 벗어나 지킬을 누르고 나타나기 시작했다. 그는 그의 '본래의 더 좋은 자기' 를 잃고, 죄악에서 나온 나쁘고 거짓된 자기로서 자살하는 순간까지 살았다.

사도 바울도 선을 행하기 원하는 자신에게 악이 함께 있는 것을 알고 괴로워했다. "내 속사람으로는 하나님의 법을 즐거워하되, 내 지체 속에서 한 다른 법이 내 마음의 법과 싸워 내 지체 속에 있는 죄의 법 아래로 나를 사로잡아 오는 것을 보는도다"(롬 7:22-23)라고 외치며, "오호라, 나는 곤고한 사람이로다. 이 사망의 몸에서 누가 나를 건져내랴"(롬 7:24)라고 사도 바울은 탄식했다.

그런데 죄와 죽음과 한의 태고 유형에 갇혔던 그는, 그리스도 예수 안에 있는 '생명의 성령의 법이 죄와 사망의 법에서' 자신을 해방하였음을 경험하고 선포하였다. 그리스도의 영이 임재 하는 그리스도 원형이 한의 태고 유형에 갇혀 있는 우리를 온전히 해방한다. 한의 태고 유형은 우리를 곤고하게 하고 갇히게 하나, 그리스도 원형 안에 있는 생명의 성령의 법은 우리를 자유롭게 하며 그리스도의 형상을 이루도록 해 준다(롬 7:23-8:2). 빈센트도 말했듯이, '생명의 성령의 법' 이란 성령의 본질이 생명이고 그에게서 생명이 결실되게 됨을 말한다. 법이란 규정지우는 원리 곧 복음이며, 성령은 그 법을 지시하는 하나님의 영이고, 생명이란 예수의 생명에서 출발하여 생명을 일으키고 나누어 주는 것이다. "첫 사람 아담은 생령이 되었다 함과 같이 마지막 아담은 살려 주는 영"이 되었다(고전 15:45).

그리스도 원형이 별이라면, 한의 태고 유형은 그 별을 가리키는 손가락이라 할 수 있다. 어두운 한의 태고 유형은 그리스도 원형에 연결되어 변화되기를 갈망하며, 그리스도로 채워지기를 바라고 있다. 우리 생명이요, 하나님의 형상의 본체이신 그리스도께서 우리 안에 들어오실 때 마른 뼈와 같은 사람이라도 그리스도와 동일한 형상을 이루며 살아나고, 하나님의 빛들의 자녀로 나타난다.

한의 태고 유형(archetype)은 죄 중에 빠진 인간 삶의 부산물로서 인간을 죽음으로 끌고 가지만, 그리스도 원형(Prototype of Christ)은 인간을 모든 갇힘에서 자유하게 하고, 온전하게 한다. 마치 빛이 오면 어둠이 사라지고 생명이 오면 죽음이 사라지듯, 그리스도 원형이 밝게 드러날 때 어두운 한의 태고 유형은 안개같이 사라진다. 진리와 사랑 그리고 생명의 성령 안에서, 우리를 얽어매었던 한 맺힌 오류와 죽음의 영은 사라진다.

의식이 도달할 수 없는 무의식의 영역에서도 그리스도의 영이 임재 하는 산 원형(Living Prototype)은 우리의 영을 살리고, 온전케 하며, 생명과 명확함과 실체와 헌신과 확신을 제공한다.

한의 태고 유형(archetype)을 구성하는 인간의 한은 동전과 같이 양면을 가지고 있다. 한쪽은 억압된 부정적인 면이고, 다른 쪽은 압박하는 긍정적인 면이다. 억압된 부정적인 한은 비탄함, 무력감, 열등감, 무 또는 무가치, 자기 혐오, 자아 분열, 괴로움, 치욕적인 수치, 성숙하지 못한 죄책감, 그리고 원한의 부정적인 면이다.

압박하는 긍정적인 면의 한은 타락한 인간으로서의 성숙한 죄책감, 사람의 유한성, 흙에서 취해진 인간성, 불충분성, 자신의 나약함, 정의를 바라는 울부짖음, 무죄한 자로 타인의 희생이 된 것을 포함한다. 태어나면서부터 느낀 자신의 약함을 인식하고 성숙을 열망하는 열등감이 있는가 하면 온전함을 바라는 죄책감이 있다. 오덴에 따르면, 성숙한 죄책감은 '나는 나' 라는 자기됨의 심상과 불일치하는 어떤 것을 하는 결과로서 이것은 나로 하여금 진정한 내가 되도록 요청한다."[109]

한은 악의 경험이다. 영어로 악(evil)이라는 단어는 살다(live)라는 말의 철자를 반대로 늘어놓은 것으로, 삶을 불행하게 하는 요소이다.

구약 성서에 나오는 악이란 히브리말로 고통(suffering)과 잘못 행함(wrong doing)이란 두 가지의 뜻이 있다. 악을 의미하는 히브리말의 라아(רַע)는 나쁜, 유쾌하지 않는, 불행이란 뜻이 있는 반면,

109. Thomas C. Oden, *The Structure of Awareness*, (Nashville: Abingdon Press, 1969), pp. 48-49.

라샤아(רָשָׁע)란 말은 도덕적인 부정과 도덕적인 악을 의미한다. 구약성경은 하나님을 도덕적인 악의 근원으로는 보지 않는 반면, 우리의 유익을 위해 고통이나 불행을 허락하는 출처로 보았다. 하나님은 말씀하시기를, "나는 빛도 짓고 어둠도 창조하며 나는 평안도 짓고 환난도 창조하나니 나는 여호와라 이 모든 일들을 행하는 자니라 하였노라"(사 45:7).

마틴 부버는 이러한 악에 대해, "그것은 빵의 누룩이다. 하나님이 인간의 영혼에 심어 놓은 효소이다. 그것이 없이는 인간이라는 빵은 부풀지 않는다"라고 했다. 하나님이 창조하시는 어두움과 환난 그리고 비상한 일들(사 28:21)은 그의 자녀들이 하나님의 형상을 이루어 온전하게 하는 데 사용된다. 한과 악이 우리를 위협할 때도, 그리스도가 그 안에 있는 사람은 그리스도의 능력으로 오히려 약함 중에 강하게 되고, 온전하게 된다.

하나님은 우리의 유익을 위해 잠시 진노하실 때가 있으나 잠깐이요, 우리를 향한 그의 사랑은 영원하며 변치 않는다. 우리 위해 자신을 아낌없이 주신 사랑의 하나님은 우리에게 해악이 접근할 때, 진노하심으로 우리를 그것에서 건져 주신다. 진노는 사랑의 구속을 통해 초월되었는데 곧 "그것은 하나님의 사랑 안과 뒤에 잠복하여 그 사랑이 완수하는 일의 배경(background)을 형성한다." [110]

악이 숨어 있는 한의 태고 유형(archetype) 속에 갇혀 있던 사람

110. Gustaf Aulen, *Christus Victor*, (London: Society for Promoting Christian Knowledge, 1931), p.132

도 그리스도의 영이 임재 하는 살아 있는 그리스도 원형(Prototype)으로 말미암아 한의 태고 유형에서 자유하고, 그리스도와 동일한 형상으로 영광스럽게 변화한다. 사람은 자신의 본질을 결정하는 그리스도의 원형 안에서 하나님의 형상인 참 자기를 발견한다. 다음 "표 V-1" 을 참조 바란다.

한의 태고 유형(archetype)		그리스도 원형 (Prototype)
부정적인 측면	긍정적인 면	
죽음으로 이끄는 영	생명을 찾는 영	생명 주시는 영
어두운 밤	별을 지시하는 손가락	빛나는 새벽별
미성숙한 죄책감	성숙한 죄책감	의롭다함 얻음
불명예로서 수치	분별로서의 수치	존귀와 영광
분노에 기초한 원한	현실에 기초한 원한	용서와 화해
환난	인내와 연단	소망을 이룸
가인의 살인	무죄한 아벨의 피	그리스도의 보혈
괴로움	겟세마네의 슬픔	부활의 기쁨
육에 속한 사람(σαρξ)	자연인(ψυχή)	영에 속한 사람(πνεῦμα)
사탄의 모습	흙의 형상	하나님의 형상
사탄의 궤계	인간의 계략	하나님의 지혜와 능력
죽음의 권세	죽음의 공포	죽음에서 해방(히 2:14-15)
불신의 영	분별의 영	믿음의 영(고후4:13)
장애물	교량	소명과 사명을 이룸
거짓 자기	자기 탐구	하나님의 형상인 참 자기 발견
사탄적 불안	인간의 불안	그리스도로부터 오는 평화
자기 혐오	자기 수용	하나님 안에서 자기를 기뻐함
깨어짐	회복을 위한 신음	하나님 주시는 온전함
우매함(고전 2:6)	인간의 지혜	하나님의 지혜
삼키는 바다	괴어 있는 물웅덩이	생명수 강
어두움	인간이 만든 빛	하나님의 빛

표V-1. 한의 태고 유형(archetype) 대 그리스도 원형(Prototype)

3. 한의 태고 유형(archetype)을 치유 변화시키는 그리스도 원형(Prototype)

사도 바울은 그의 몸에 가시로 찌르는 것 같은 병이 있었는데 이 가시는 한의 태고 유형에 속한 사단의 사자였다. 이는 바울을 소외되게 하였다. 그런데 그리스도의 능력은 역설적으로 바울의 약함 가운데서 온전하게 되었다. 약한 곳에서 그리스도의 능력이 오히려 완전하게 드러나 바울은 온전함을 입었다. 바울을 괴롭히고 약하게 했던 한의 태고 유형은 그를 파멸시키려 했으나 살아 역사하는 그리스도 원형은 한이 변하여 영광이 되게 하고 그리스도의 형상을 이루는 바울로 드러나게 하였다(고후 12:7-10).

영국의 심리치료사인 프랭크 레이크에 의하면 인생의 여러 가지 고난들, 신경병 같은 질병이나 여러 가지 상실의 슬픔을 지날 때, 성격의 영적 변화에 있어서 여러 가지 다른 신의 이미지들이 우리 마음을 교대로 지배할 수 있다. 우울증에 빠진 그리스도인은 화난 신이 그의 용서받을 수 없는 죄에 대해 그를 책망하고 있다고 불평할 수도 있으며 잠시 후에 그는 어떤 신도 그에 대한 무엇에 관심을 가지고 있다고는 믿지 않는다. 그런데 그가 자기의 생명과 원형인 그리스도의 형상을 이루어 갈 때, 다른 병적인 이미지들은 사라지게 된다. 융은 그리스도의 원형적 형상을, 비록 그림자를 가지고 있기를 바랐지만, 탁월한 힘과 설득력으로 우리의 존재를 변화시킬 힘이 있는 이미지로 지각했다.[111]

모든 심리 치료의 궁극적인 목표는 개인이 가지고 있는 한으로 피해 입은 자신에 대한 이미지를 본래의 자기인 그리스도와 동일한 이미지로 바꾸어 주는 것이다. 죄악과 분노와 한으로 분열되어 있는 우리 자신들의 갈래갈래 조각난 모습들이 하나님의 사랑을 깨달으며 치유되어 그리스도의 형상을 이루어 갈 때, 우리는 정금같이 나오게 된다.

필자의 친구는 사랑하는 이를 잃고 오랫동안 슬픔의 한 속에 갇혀 살았다. 그의 아픈 가슴만큼이나 그의 눈은 눈물이 고여 있을 때가 많았다. 자신을 덮친 한은 너무나 충격적이어서 삶의 활기를 잃고 어두운 혼에 홀린 듯이 멍해 있을 때도 있었다. 그는 견딜 수 없는 삶에 지쳐 하루 금식 기도를 하였다. 자신의 작은 믿음이 주님께 어떤 감명을 드릴 수 있을지 고민하며 무릎 꿇고 금식을 종료하는 기도를 드릴 때 다윗 생각이 머리를 스쳤다. 다윗 왕은 죄 중에 밧세바에게서 나은 아이가 병이 나서 죽게 된 때에, 슬퍼 금식 기도하다가 자기 아이가 죽은 다음에는 오히려 정신을 차리고 힘을 내어 주님을 경배한 사건(삼하 12:16-23)을 기억하면서 성령 안에서 마치 "이제는 기운을 내라"고 속삭이는 하나님의 음성을 듣는 듯하였다. 그 순간 그는 하나님께서 그의 모든 슬픔을 앗아가 주시고 자신

111. Murray Stein, *Transformation: Emergence of the Self*, (Texas: Texas A&M University Press, 1998), p. 58.

을 새롭게 하신 것을 체험했다. 생명의 영이 그를 살렸고, 평강과 기쁨과 생명수 강이 그의 온몸과 영혼을 적시며 흘러내렸다.

필자는 켄터키에 있는 애즈베리 신학대학원에 입학한 후 처음 몇 개월 동안 알고 지은 죄, 모르고 지은 죄들로 인한 죄책감 때문에 너무나 힘든 날들을 보내고 있었다. 그러던 어느 날 주일예배 시, 밴 발린(Van Valin) 목사가 "하나님은 우리의 죄를 부분뿐 아니라 전부를 사해 주셨다"라는 말씀을 선포하는 순간, 성령께서 나를 천근만근 짓누르던 죄책감을 순간적으로 앗아가셨다. 그때 내 마음에 주신 평강은 영원토록 강같이 흐르고 있다.

한번은 세계의 가난한 국민들을 도우며 사는 월드미션의 존 랍(John Robb)의 간증을 듣다가 성령이 위로부터 내게 바람같이 비둘기같이 임하셨다. 순간, 모든 결박이 풀어지고 내게 기쁨이 충만했다. 내 마음을 먹구름같이 덮었던 슬픔이 말끔히 사라졌다. 성령 안에서 하나님의 치유의 광선이 내게 비치자 나는 외양간에서 나온 송아지같이 기뻐 뛰었다. 나는 나를 갇히게 하던 죄책감과 슬픔, 한의 태고유형에서 벗어났고, 그리스도의 영 안에서 참 자유를 누리게 되었다.

참 자기의 살아 있는 원형인 그리스도는 죄악과 한과 죽음을 이기고 승리했다. "죽을 것이 생명에 삼킨 바 되게" 하셨다(고후 5:4). 그리스도의 영이 임재 하는 살아 있는 원형(Prototype)은 살리는 영으로 생명의 에너지와 사랑의 빛을 발산하여 우리를 온전하게 한다. 참된 인간성의 본질인 살아 있는 그리스도 원형은(Prototype), 모든 인간적인 것과 한의 태고 유형들(archetypes)을 감싸 무효화하고,

치유 변화시켜 준다. 이때 한의 태고 유형에 갇혀 있던 하나님의 형상인 참 자기는 자유하게 된다. 그리고 그리스도의 영과 연합하는 우리의 영은 그와 동일한 형상을 이루게 된다.[112] 다음 '그림 V-1'을 참조 바란다.

필자는 어느 날 밤 꿈에 뱀도 보이고, 사고도 나는 것을 보면서 아침에 일어나니 마음에 안정이 되지 않았다. 두려움에 떨며 기도하기조차 힘들었다. 그런데 그날의 읽을 말씀, 요한복음 6장을 펼쳐 읽기 시작할 때 그리스도의 영이 역사했다. 어두운 밤바다에 배를 타고 떠난 제자들이 큰 바람이 불고 파도가 일어나 목숨을 잃을 위험에 처했다. 그 순간 예수님이 바다 위로 걸어 오셔서 두려워하는 제자들에게 "내니 두려워 말라" 하셨고, "이에 기뻐서 배로 영접하니 배는 곧 그들의 가려던 땅에 이르렀더라"(요 6:21). 이 말씀을 읽는 순간, 그리스도로부터 오는 평강이 내 마음에 충만했다. 그리스도께서 나의 모든 문제를 맡아 주시며, 해결해 주셨다. 내 속에 들어와 계시는 그리스도가 나의 모든 두려움과 염려를 사라지게 하였다. 장송곡은 환희의 찬송으로 바뀌었다. 내 영혼 깊은 곳에서 하늘의 찬송이 울려 퍼졌다.

112. 상담치유 과정에서 우리가 상대방 안에서 드러나는 그리스도의 형상을 보며, 상대방도 성령 안에서 그리스도와 동일한 형상의 참 자기를 확립하기 시작할 때 온전한 치유가 일어난다.

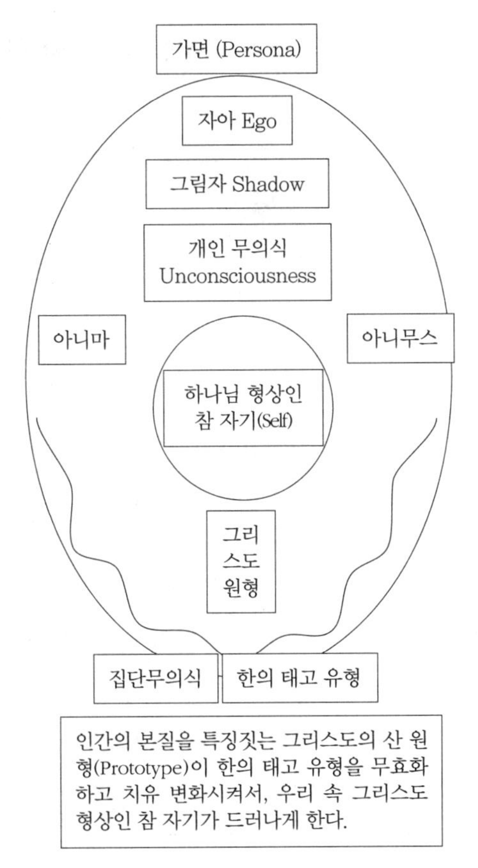

그림 V-1. 한의 태고 유형(archetype)을 무효화 하고 변화시키는 그리스도 원형(Prototype)

4. 그리스도의 원형적 이미지를 통한 자기 발견

"태초부터 있는 생명의 말씀에 관하여는 우리가 들은 바요 눈으로 본 바요 자세히 보고 우리 손으로 만진 바라. 이 생명이 나타내신 바 된지라 이 영원한 생명을 우리가 보았고"(요일 1:1-2). 하나님은 인간을 구원하시기 위해 인간의 모습으로 왔다. 하나님의 본체인 예수 그리스도의 얼굴 흔적이 아마포(mandilion)에 다음과 같이 남겨져 있다.

전설에 의하면, 에데사의 아브가(Abgar V of Edessa) 왕은 그의 치명적인 병을 고치고자 아나니아스로 하여금 그리스도의 성상을 그리게 하였다. 아나니아스가 그리스도의 모습을 잡는데 실패하자, 심하게 병이 난 아브가 왕을 위해 그리스도가 오시사 화포(恰布) 위의 잘못 그려진 얼굴을 지운 뒤에 친히 자신의 얼굴 생김새의 흔적을 찍어 놓았다. 이것이 "사람의 손으로 만들어진 것이 아닌(The Image 'Not Made by Human Hands.')," 그리스도의 성상에 속한다. A.D.325년에 모인 니케아 회의(The Council of Nicaea)에서는 이 화포

위에 새겨진 얼굴의 생김새가 예수 그리스도의 것임을 확인하였다.[113] 다음 'V-2, 예수의 성상' 을 참조 바란다.[114]

우리가 영혼의 어두운 밤을 지날 때, 그리스도의 성상을 통해서 만나는 그리스도 안에서 진짜 나를 찾는다. 주님을 바라볼 때 우리 속의 왜곡된 하나님의 형상이 바르게 된다. 또 마음의 혼돈이 사라지고 뒤틀린 감정과 생각들이 바르게 된다. 어둡고 상처 입은 영혼이 성상을 통해 예수 그리스도를 믿음으로 바라볼 때 그 영혼에 주님으로부터 오는 치유의 광선이 비친다.

마치 컴퓨터가 바이러스에 감염되어 얼어붙었을 때, 구조 디스크를 넣으면 고침 받고 작동하듯이 고난 중에 있는 인간이 주 예수 그리스도를 성상을 통하여 믿음의 눈으로 바라볼 때, 힘을 얻고 치유를 경험한다. 성상이 능력이 있어서가 아니라 이 성상을 통하여 우리의 심령이 길과 진리와 생명 되신 예수 그리스도께로 향하여지고, 우리의 영혼이 주님께 나아감으로, 주님 주시는 평강과 쉼을 받게 된다.

성상을 통하여 성령 안에서 주 예수 그리스도를 만나게 될 때, 성상은 우상이 아닌 하나님의 치유의 도구로 사용된다. 천년이 넘게 많은 하나님의 백성들이 주님의 성상을 바라보고 치유되었고 참자기를 찾아왔다.

기원 후 787년에 개최된 제 7차 세계종교회의에서는 아이콘 사

113. Maria Giovanna Muzj, *Transfiguration: Introduction to the Contemplation of Icons*, (MA: St. Paul Books & Media, 1987), p.14.

114. 다메섹의 존, 스투디오스의 테오돌 같은 정통신학자들은 그리스도의 인성의 실재를 확실히 주장하면서 그것은 역사적인 것이었으므로, '묘사될 수 있고', '정의 될 수 있으며' 인간의 눈으로 볼 수 있다고 주장했다.

그림 V-2

용을 승인했으며, "화상에게 바치는 경의는 그 원형(Prototype)에 귀속되는 것이며, 성화를 존숭하는 사람은 성화 안에 표현된 위격을 존숭하는 것이다"라고 기술했다.[115]

병원에서 복부 수술을 앞두고 죄책감과 두려움에 떨고 있던 마리아 쿱퍼란 70세 난 여성을 만난 적이 있었다. 그녀는 자기 죄가 커서 이러한 큰 수술을 받게 되었다고 두려워하며 울었다. 그러던 그녀가 자신의 병실 벽에 걸린 예수 그리스도의 성상을 통해 그리스도로부터 오는 평안을 찾았다. 그녀는 말하기를, 평소에도 자기 방에 있는 성상을 바라보며, '우리와 늘 함께' 하시는 그리스도의 임재를 느끼고 큰 힘과 위로를 받으며 살아왔다고 말하였다.

고통 받은 영혼들이 그리스도의 아이콘을 사용하여 그리스도께 기도할 때, 추론적이고 말로 표현될 수 있는 언어를 넘어 영혼 깊은 곳에서 그리스도를 만나는 체험을 하게 된다.[116]

모든 슬픔과 고통과 공허 가운데서도 믿음의 눈으로 성상 너머에 계시는 그리스도를 바라볼 때, 슬픔은 기쁨으로, 고통은 평화로, 공허는 거룩하신 분의 얼굴로 가득 찬다.

그리스도의 아이콘 앞에 서서, 아이콘을 천국으로 들어가는 창문으로 생각하며 기도하는 마음으로 바라본다. 자신을 이 땅을 지

115. 브레들리 홀트 지음, 엄성옥 옮김, *기독교 영성사*, (서울: 은성출판사, 1994), p.113. 하나님은 세상을 구원하시기 위해 완전한 인간의 몸으로 오셔서 인간들의 눈에 구체적으로 그의 형상을 드러내며, 자신에게 접근하기 쉽게 만들어 주셨다. 우리는 물질을 숭배하는 것이 아니라 우리를 위해 물질이 되신 분, 기꺼이 물질 안에 자신의 거처를 정하신 분, 물질을 통해서 우리의 구원을 이루시는 분께 믿음으로 나아갈 수 있다.

116. 침묵 속에서 "주 예수여 죄인인 나를 불쌍히 여기소서"라는 자기를 찾는 예수 기도를 신령과 진정으로 계속 드릴 수도 있다. 이 기도문 중에서 첫 구절은 숨을 들이 쉬면서, 그리고 두 번째 구절은 숨을 내쉬면서 성상을 넘어 우리와 함께하시는 그리스도를 믿음으로 바라보며 기도한다. 호흡 속도에 기도를 맞춘다.

나 창문 저쪽에 있는 영원한 천국에 두고, 허무한 인생의 사소한 문제들을 바라본다. 하늘에 계신 하나님으로부터 나온 온전한 참 자기로서, 이 땅 위에서 허망하게 살아가는 거짓 자기를 바라본다. 빛나는 그리스도의 형상을 나타내는 참 자기로서, 어둠속에 먼지같이 요동치는 거짓 자기를 바라본다. 기쁨으로 영생하는 참 자기로서, 좌절과 사망 가운데 방황하는 거짓 자기를 바라본다. 그리스도의 능력이 나타나는 참 자기로서 사단에 매인 거짓 자기를 바라본다. 우리의 참 자기를 결정하는 그리스도의 영안에서 모든 거짓과 가짜는 사라지고 온전한 자기로 변화됨을 바라본다. 자신을 창문 저쪽에 계시는 자비롭고 전능하신 하나님 편에 두고 허물과 어려운 문제를 가진 자신을 사랑스럽게 바라본다.

실제로 우리는 하나님으로부터 나왔고, 하나님 안에서 존재하고 살아간다. 죄악에 빠졌던 인생이 그리스도와 함께 죽고, 그와 함께 다시 살리심을 받았기에, 그리스도께서 앉아 계신 하나님 우편에서서 그리스도의 눈으로 건너편에 있는 자신을 긍휼한 마음으로 바라본다. 이는 그리스도가 우리의 생명일 뿐 아니라, 우리가 죽었고, 우리의 생명은 그리스도와 함께 하나님 안에 감추어져 있기 때문이다(골 3:3-4). 우리가 잠시 이 땅을 밟고 있더라도, 우리는 본래 하늘 본향에 계신 아버지 하나님의 자녀이니, 하나님의 눈으로 이 땅위의 자기를 바라본다. 우리를 버리지 않고 세상 끝날까지도 함께 하시는 주님께서 친히 우리 손을 잡고, 그의 영원하신 팔로 우리를 안아 주시며 사랑으로 인도해 주심을 믿음의 눈으로 바라본다. 하나님이 우리를 보시는 대로, 그의 눈으로 우리를 바라본다.

어떤 한 여성은 그녀의 어머니로부터 "너는 태어나지 않았더라면 좋았을 걸" 이라는 말을 수없이 들어왔다. 그녀는 어머니의 감정을 자신의 것으로 받아들여 자신을 하찮은 존재로 여겨왔다. 그녀의 깨어진 자아는 결혼관계도 깨어지게 하였다. 그런데 그녀가 하나님의 눈으로 자기를 보며 하나님의 형상인 본래의 자기를 찾기 시작했을 때, 상처로부터 회복이 되었고, 온전하게 되었다.

사랑하는 이를 잃고 슬퍼하는 사람도 오직 부활이요, 생명이신 예수 그리스도 안에서 부활의 권능을 체험하며, 사랑하는 이와 영원토록 함께 살 참된 소망을 가지게 된다.

용서하지 못하고 분노와 원한에 갇혀 살던 사람들도 자신들의 원수의 얼굴에서 그리스도의 형상을 찾아 경배할 때, 자신들 속에 있는 그리스도의 형상인 참 자기가 평화롭게 드러나며 천국이 그 심령 속에 이루어진다.

제6장

하나님의 사랑과 실제인 참 자기

1. 하나님의 사랑 받는 자녀

헨리 나우웬(Henri M Nouwen)은 그의 『거울 너머의 세계』 중에서 하나님의 무조건적인 사랑 안에서 참 자기를 찾은 것을 다음과 같이 말한다.

> 나는 이제 이 세상에나 자신을 입증해 보여야 한다는모든 강박으로부터 자유로워졌다.이 세상에 속하지 않았으면서도이 세상 가운데서 살아갈 수 있게 되었다. 내가 하나님의 사랑을 받는 아들, 무조건적인 사랑을 받는 자라는 진리를 일단 마음속에 받아들이게 되자,이제 나는 세상에 보냄을 받아예수님께서 하신 것과 똑같이 말하고 행동할 수 있게 되었다.

참 자기는 하나님의 사랑의 결정체이다. 참 자기는 하나님의 사랑 안에 존재한다. 이 참 자기는 이미 하나님의 자녀로서 한없는 사랑을 받고 있음으로, 자신이 성공을 함으로 자신의 가치를 찾고 사랑을 얻고자 하는 거짓 자기의 유혹에서 벗어난다. 영원한 하나님

의 사랑 안에서 거짓 자기는 사라지고, 그리스도의 형상인 참 자기로 거듭나게 된다. [117]

사랑을 받을 때 진짜가 됨을 마거리 윌리엄스(Margery Williams)의 "벨벳토끼 인형"(The Velveteen Rabbit) 에서 보게 된다.

"진짜가 뭐예요?" 하루는 토끼가 이렇게 물었다. "아저씨 뱃속에 들어 있는 소리 나는 그거랑 툭 튀어 나온 손잡이를 말하나요?"

"진짜라는 것은 네가 만들어진 방법을 말하는 게 아니란다"라고 말이 대답했다. "그건 너한테 일어나는 어떤 것이지. 어떤 어린애가 너를 아주 오래 오래 사랑해 주면 말이야. 그냥 너를 갖고 노는 것 말고 너를 진정으로 사랑하면 말이지. 그러면 너는 진짜가 되는 거야."

"아픔이 있나요?"

"때로는." 말은 늘 진실만을 말했다. "하지만 네가 진정한 토끼가 되면, 상처받는 건 아랑곳하지 않게 되지."

"그 일은 한 번에 일어나나요, 태엽을 감는 것처럼? 아니면 조금씩 조금씩?" 그러자 말이 대답했다. "그건 한 번에 일어나지 않는단다. 서서히 일어나지. 시간이 아주 오래 걸려. 그래서 쉽게 고장 나거나, 뾰족한 모서리가 있거나, 아주 조심스럽게 다루어야 하는 이들에게는 그런 일이 종종 안 일어나기도 하는 거야. 보통은 네가 진짜가 될 때쯤에는 워낙 쓰다듬어서 네 털은 다 빠져 버리고, 눈도 덜렁거리고, 몸 마디마디가 모두 헐거워서 아주 초라해 보인단다.

---

117. "하나님의 생명과 활동은 그의 사랑의 생명과 활동이다. 그는 단순히 사랑의 심상이 아니라 그의 존재의 진짜 행동에서 사랑하시는 분이시다. 하나님이 먼저 살아 계신 다음에 사랑을 하시는 것이 아니라 하나님은 사랑하시고 이 사랑의 행동 안에서 살아 계신다"(칼 바르트, CD II/1, p.321).

하지만 그런 건 하나도 안 중요해. 네가 진짜가 되기만 하면 너는 밉게 보일 수가 없거든. 그걸 이해 못하는 사람들한테만 빼고 말이야."[118]

사랑을 받을 때 진짜가 된다. 하나님의 사랑 안에서 진정한 자기를 발견할 때 자신을 좋아하며 존중하고, 자신을 용서하고 사랑하며 즐겨 자신이 된다. 사랑이신 하나님 형상의 참 자기를 찾을 때, 그 누구도 사랑할 수 있는 능력을 받게 된다. 참 자기는 하나님과 신비하게 연결되어 있고, 동료 인간들과도 연결되어 있다. 하나님 형상을 이루는 참 자기는 실제 하나님의 사랑과 진리의 화신이요, 하나님 사랑의 전도체가 된다. 아무리 결혼생활에 문제가 있었다 하더라도 하나님의 무한한 사랑을 경험하고 전달하는 남편은 그리스도께서 교회를 사랑하여 자신을 주심 같이 아내를 사랑한다.

그리스 신화에 나오는 오디푸스는 유배지에서 늙어 고상한 죽음을 맞이하는데 그의 딸들에게 마지막 남긴 말은, "삶의 중압감과 고통에서 우리를 자유롭게 하는 한 마디 말이 있는데 그것은 사랑이다."라는 것이다. 한 많던 그는 오직 사랑 안에서 그의 진정한 자기를 찾을 수 있었다.

하나님의 사랑하심을 받은 자는 모든 고난도 이긴다. "우리가 종일 주를 위하여 죽임을 당하게 되며 도살당할 양 같이 여김"을 받아도 "이 모든 일에 우리를 사랑하시는 이로 말미암아 우리가 넉넉히 이기느니라"(롬 8:36-37).

옥스포드 대학의 한 장애인 교수는 예수 그리스도께서 자기를

---

118. Margery Williams, *The Velveteen Rabbit*(New YorkL Bantam Doubleday Dell, 1922), p.5; 인용:댄알랜더 지음. 김성녀 옮김, *나를 찾아가는 이야기* (서울:IVP, 2006), p.94.

위하여 십자가에 돌아가신 그 사랑만이 그를 위로하고, 그 안에서 자신을 발견한다고 간증했다. 몸과 정신의 장애가 있다 하더라도, 그리스도의 측량할 수 없는 사랑 안에서 자기를 찾을 때, 고통 받던 영혼은 오히려 기뻐 찬양한다. 성령 안에서 하나님의 사랑을 체험한 영혼은 어떤 환경도 초월하여 하나님을 기뻐한다. 전쟁과 사고와 질병으로 불구가 되었다 하더라도, 하나님의 사랑 안에서 그의 형상을 이루어 가는 자는 하나님을 마음과 목숨과 뜻을 다해 사랑한다. 이렇게 그리스도의 형상을 이루어 가는 참 자기가 될 때 비로소 이웃도 내 몸같이 사랑하게 된다.

로버트 메예(Robert P. Meye)는 오른쪽 편도선에 악성인 암이 있다는 의사의 선고를 들은 후 얼굴을 절개하여 넓게 열고, 어깨는 만신창이가 되게 10시간이나 수술을 받았다. 그 후 여섯 번이나 지옥 같은 수술을 또 하였다. 퇴원 후에 집으로 돌아온 그는 우울함 가운데 베토벤의 교향곡을 듣는 순간에 광대한 기쁨을 느끼며, 아직도 자신은 하나님이 지은 참 자기인 것을 깨닫고 환희의 노래를 부른다. 그는 "모든 것이 변했다. 그렇지만 아무것도 변한 것이 없다." 라고 외친다. 어떤 수술도, 육체에 대한 어떤 공격도, "나를 존재하게 하신, 하나님과 함께 하는 나의 능력을 감소시킬 수 없다"라고 힘 있게 말하였다.

한번은 그가 플라스틱 찻 숟가락을 뜨거운 찻잔 속에 넣자, 열에 의해 휘어져버리는 것을 보면서 자신도 그 숟가락과 같다고 생각했다. 숟가락은 휘어져도 숟가락이듯이 하나님의 형상으로 지어진 그는 모든 육체의 나약함을 초월하여 아직도 그는 자신임을 발견할 수 있었다. 로버트 메예는 암 치료로 인해 암환자 병실에 입원해 있을 때, 희망을 잃은 얼굴들과 밤중 병실의 울부짖는 소리와 절망밖에 없는 듯한 환경 속에서도 기뻐할 수 있었는데 이는 "우리에게 주신 성령으로 말미암아 하나님의 사랑이 우리 마음에 부은 바 됨이니"(롬 5:5)라는 사실에 기초한 것이었다. 그가 하나님의 사랑을 체험하며 기뻐할 때, 암으로부터도 회복되었다. 하나님의 사랑이 그를 병에서 일으켜 백 마일이나 걷게 하였고, "내게 사는 것이 그리스도니 죽는 것도 유익함이라"(빌 1:21)고 고백하게 하였다.[119]

일본의 유명한 신학자 하천풍언은 다섯 살 적 가을에 부모를 여의고, 열여섯 살엔 형마저 죽고 자신은 폐병이 들어 기구한 신세가 되었다. 그는 고통으로 쉴 새 없이 눈물을 흘리며 몇 번이나 자살하려고 하였다. 그러나 선교사 마야스 박사 부부가 보여 준 하나님의 진실한 사랑을 체험하면서 잃었던 생명을 찾았고, 하나님의 형상인 참 자기로 거듭났다. 그 후 그는 많은 불쌍한 영혼들을 하나님께로 이끌며 그의 몸을 하나님이 기뻐하시는 거룩한 산제사로 드리는 삶을 살았다.[120]

윔벌리(Edward P. Wimberly)는 흑인 교회 목회에서 일어나는 다음 사실들을 증언한다.

"비록 흑인의 성격이 인종 차별과 압박으로 손상을 입었지만, 그들을 향하신 하나님의 사랑을 체험할 때에 많은 사람들이 전인성을 회복했다. 자기 비하와 자기 미움으로 고통당하는 사람들에게 관심과 돌봄의 자원들을 가져왔을 때에 그들은 하나님과 흑인 형제

119. Robert P. Meye, "*Reason for Joy*" in 1990 Baccalaureate Service, 5-30-90. Tape #258ab, Fuller Theological Seminary, 35 N. Oakland Ave., Pasadena, CA 91182.
120. 우곡삼희 저, *하천풍언*, (서울: 세종 문화사, 1976). pp.12-15

자매들에게 '한 독특한 인간' 으로서 용납 받고 있다는 체험을 했다. 어떤 사람들에게는 치유가 일어났다."[121]

몰트만도 말했듯이 하나님의 사랑의 에너지와 빛은 우리를 꿰뚫어 영혼을 치료하고, 육체에도 평강을 가져다준다. 하나님의 사랑은 우리가 그의 독생자 예수 그리스도를 통하여 온전해지고, 영원히 살게 하심으로 나타났다.[122]

콜스톤은 불구가 된 사람들에 대한 고통스런 질문을 제기한다. "모든 것이 사라진 후에 우리가 남긴 것으로 우리는 무엇을 할까요?" 그는 대답하기를, "우리는 쇠함이 없는 하나님의 사랑에 지탱되어 우리가 가지고 있는 것으로 우리가 할 수 있는 최선의 것을 합니다"라고 하였다.[123]

하나님의 사랑은 사랑받는 그의 자녀들을 강하게 해 준다. 롤로 메이에 의하면, "힘이란 사람이 영향을 주고, 미래에 변화를 일으키고, 변화를 가져오는 능력을 가진 것을 의미한다."[124]

---

121. Edward P. Wimberly, *Pastoral Care of the Poor* (Nashville: Avingdon Press, 1979), pp. 20-21. 하워드 클라인벨 저, 박근원 역, *목회상담신론* (서울: 한국장로교 출판사, 1987), p. 160에 인용됨.
122. 하나님은 사랑이므로 우리를 사랑하시는 데서 기쁨을 만끽하신다. 바르트는 말하기를, "하나님은 사랑하신다. 왜냐하면 ...이 사랑의 행동은 그의 존재, 그의 본질, 그의 천성이다. 하나님은 사랑이라는 말은 성경이 우리에게 가장 근접하게 하나님의 실재에 대한 정의를 주는 것이다."(Clark Pinnock, The Openness of God, IL: InterVarsity Press, 1994, p. 18)
123. Lowell G. Colston, "The Handicapped," in Robert Wicks, Richard Parsons, Donald Capps, editors, *Clinical Handbook of Pastoral Counseling*, (Mahwah, NJ: Paulist Press, 1993), pp.330-331.
124. Rollo May, *Power and Innocence*, (New York: Norton, 1972), pp. 99-100, quoted in Young Ae Kim, op. cit., pp. 22-23.

하나님의 사랑을 알지 못한 사람들은 서로 시기하고 질투하며 자기를 잃고 살아왔다. 신데렐라, 콩쥐팥쥐 이야기가 다 어두운 혼과 부정적인 한에 갇혀 자기를 잃고 사는 인간의 이야기이다. "승기자 염지"(勝己者厭之)란 말은 사람들이 자신보다 더 많은 재능을 가지고 있는 친구들을 좋아하지 않거나 미워한다는 뜻이다. 그런데 우리가 하나님의 사랑 안에서, 하나님의 형상인 참 자기를 발견할 때, 친구를 위해 자기 목숨까지도 버릴 수 있다. '송백지무'(松柏之茂)라는 말 같이 소나무와 향나무가 서로 강한 바람을 막아주며 함께 자라듯, 서로 사랑하며 살아간다.

하나님은 사랑이다. 하나님의 형상인 너와 나도 본래는 사랑이다. 하나님의 성품과 사랑과 진리와 은혜를 부여받은 사람은 비난이나 야유 대신에 하나님의 사랑을 실천하며 산다. 이런 사랑을 하며 사는 사람은 마음의 평안을 느낀다. 그 본질이 사랑이기 때문이다. 이런 사람은 자신이 좋아하는 선물보다도 선물 주신 분을 더욱 사랑한다.

필자가 미국에서 처음 3년간 애즈베리 신학교에서 공부할 때 가족을 서울에 두고 왔었다. 한번은 겨울방학을 맞아 한국에 나갔다가 어느새 미국으로 돌아갈 시간이 되었다. 그때는 유치원에 입학한 둘째 딸 유니스의 생일이었다. 김포공항을 향해 떠나려고 일어나 준비를 하면서, 나는 유니스를 향해 "선물을 준비하지 못해 미안해"라고 말했다. 그러자 어린 유니스가 나를 올려다 보면서, "아빠, 나는 생일 선물은 없어도 괜찮아, 아빠만 있으면 돼!"라고 말하며 아빠가 하루만이라도 자신과 함께 지내면 더 바랄 것이 없음을 고백했다.

하나님의 자녀는 하나님을 기뻐하며 사랑한다. 하나님을 사랑하는 자에게는 모든 고난과 악과 슬픔과 죽음까지도 합력하여 그리스도의 형상을 이루게 하고, 하나님의 사랑하는 아들과 딸들로 나타나게 해 준다. 천성적으로 우리는 사랑할 때 온전하게 된다.

고난과 핍박과 죽음도, 이 세상의 그 어떤 것도 우리를 그리스도 예수 안에 있는 하나님의 사랑에서 끊을 수 있는 것은 없다.

수많은 사람들이 목숨을 잃은 아우슈비츠 감옥이 연합군에 의해 해방되었을 때, 그 감옥 벽에는 "그 크신 하나님의 사랑 말로 다 형용 못하네"라는 찬양이 새겨져 있었다. 인간이 겪는 고통이 지옥 같을지라도 하나님 사랑은 그 영혼을 지옥에서 들어 천국으로 올려준다. 중세기의 수도자 월터 힐튼은 말하기를, "영혼은 사랑의 황홀 속에 하나님과 연합하게 되며 삼위일체의 모습을 닮게 된다"라고 하였다.

예수 그리스도께서 부활 승천하신 후 약 250년이 지난 3세기 말, 이집트의 성자 안토니(Anthony of Egypt)는 그의 영혼을 침범하려는 부와 성과 욕망과 정욕 그리고 명예의 사탄과 20년이나 투쟁하면서 사탄을 향해 다음과 같이 선포했다. "여기 나 안토니가 있다. 나는 너의 타격을 피해 도망치지 않는다. 네가 더 많은 불행을 준다 해도, 그리스도 예수의 사랑에서 나를 끊을 수 있는 것은 아무것도 없다."

그의 부모가 죽은 직후, 그는 어느 날, "네가 완전해지고자 하면 네 가진 것을 다 팔고 나를 따르라"는 예수님의 음성을 듣고 행동에 옮겼다. 그는 300에이커의 이집트의 아름다운 땅을 팔아 필요한 사람들에게 다 나누어 준 후 아무 돈도 가지지 않고 무덤 사이에서 살았다. 이웃들은 그를 진실한 성자라고 하였다. 그는 예수님을 본받아 사랑과 순종을 실천하며 살았다.

성 프랜시스도 주님을 뜨겁게 사랑하였다. 그는 굴욕당하고 멸시받은 그리스도의 낮아진 육체와 자신을 동일시하며, 문둥병자들을 돌보고 겸손히 주님의 발자취를 따르며 살았다. 그는 죽기 2년 전 1224년 9월에 라베르나 산에서 은거하며 기도하던 중에 십자가에 못 박히신 그리스도의 다섯 상처를 표시하는 흔적들을 그의 몸에 받았다. 보나벤투어는 자신의 '성 프랜시스의 일생' 에서 프랜시스는 그 성흔에서 "육체의 순교에 의해서가 아니라 영혼을 삼키는 그의 사랑의 불에 의해 십자가에 못 박히신 그리스도의 형상으로 완전히 변형되었다"고 한다.

2. 하나님의 사랑으로 거듭난 참 자기

하나님의 형상대로 창조된 인간은 하나님을 닮으려는 본능적 열망이 있고 하나님을 닮을수록 독특한 참 자기로서 하나님께 영광을 돌려드린다. 그런데 거짓 자기는 하나님을 모방한 후 자신들이 하나님이 되려고 하지만, 오히려 사탄으로 전락하고 만다. 인류의 조상 아담과 하와는 하나님과 같이 된 후에 하나님을 떠나 살려고, 하나님을 하나님으로 인정하지도 영광을 돌리지도 않았다. 그 결과, 오히려 진정한 자기를 잃고 수치와 죄책감 가운데 가면을 쓰고 살게 되었다.

가짜가 진짜를, 비본질이 본질을 대신하는 이 세상에서 사람들은 다른 중요한 인물들을 모방하려는 욕망을 갖는다. 이러한 욕망의 밑바닥에는 참 자기를 찾지 못했기 때문에 다른 사람이 되려고 하는 열망이 있다.

사람들이 모방하고, 인정받고 싶은 중요한 인물들은 그들 자신들이 가진 것과 성취한 것으로 인기를 누리고, 뭇사람의 부러움을 사게 된다. 그러므로 우리는 이 중요한 인물들로부터 인정을 받기를 열망하면서, 점진적으로 그 중요 인물들이 필요로 하고 가진 것들을 우리도 갖기를 원한다. 그런데 숭배하는 인물에 대한 모방은 그 인물이 가진 동일한 것을 갖고자 하는 열망을 일으키고, 이는 자원이 제한된 세상에서 피할 수 없는 갈등과 위기 속에 경쟁을 유발하게 된다. 이 경쟁은 그들에게 더 큰 매혹을 준다. 이리하여 모든 인간들은 서로에게 더 큰 폭력을 행사하게 된다. 끓어오르는 폭력과 긴장을 해소하려고 사람들은 비난받을 취약한 사람, 곧 희생양을 찾아 자신들의 모든 죄악과 미움과 책임을 희생양에게 덮어 씌운 후 거짓 평화를 맛본다.

이는 사실을 거부하는 자아 정당화의 모략이며 인간 속의 악과 거짓 자기의 문제를 드러낸다. 파괴적인 희생양 만들기는 소집단에서 무의식적, 무의도적으로 일어나고 공동체적인 종교 의식에서는 의도적으로 나타난다. 희생양을 죽이는 예전이 만들어지고, 폭력은 교묘한 말과 정치권력 앞에 감추어진다.

옥스버그에 의하면, "인간 문화의 가장 다양한 형태 안에서 종교 의식의 죽임은 각 문화의 종교에 대한 핵심적 이야기의 중심이 된다."[125] 그는 다음과 같이 설명한다. "중요 인물을 모방하려는 심리 과정은 적을 괴물로 보는 환상을 만들어 내고, 결국 그 환상이 완전히 자랄 때, 그것은 자신의 격노의 불을 활활 타게 하는 두 배나 소름끼치는 괴물이 된다."[126]

이와 같이 "사회 집단들도 적이라며 손가락질하고 원수라고 욕하고, 불안과 두려움과 격분을 확대한다."[127]

---

125. Augsburger, *Helping People Forgive*, p. 128.
126. Ibid., p.137.

비탄의 시편들에 나오는 지배적인 주제는 '적'이다. 옥스버그는 로흐핑크(Lohfink)의 책을 인용하면서, "미움, 적, 폭력, 그리고 복수가 시편 1편부터 149편까지의 주요한 주제이다"라고 하였다."[128] 많은 경우, 우리의 분노는 타오르는 용광로와 같다. 오쓰맨 킬(Othman Keel)은 애통과 찬양의 개인적인 시편들 속에서 적에 대하여 94가지의 다른 명칭들을 발견했다. 외부의 사람들을 향해 적이라고 말할 때, 그는 칼 융이 말한 인간 정신 속의 그림자의 투사로 이해했다. 사람은 항상 자신의 결점을 적에게서 찾는 경향이 있다. [129] 다른 사람들을 향한 우리의 미움은 우리 자신의 어두운 그림자를 깨닫지 못하는 결과이기도 하다.

이 위기와 모호한 경계선들의 난국을 타개하기 위하여, 한 희생양이 선택되어 고통스러운 원한을 짊어지고 마귀와 같이 취급받고 괴롭힘과 폭력을 받게 된다. 사람들은 그러한 적 또는 마귀를 파멸시키는 것이 거룩한 행위라는 환상들을 갖는다. 예수 그리스도는 이 희생양을 만드는 심리 과정을 아시고 말씀하신다. "사람들이 너희를 출교할 뿐 아니라 때가 이르면 무릇 너희를 죽이는 자가 생각하기를 이것이 하나님을 섬기는 일이라 하리라." 그리고 예수께서 계속해서 말씀하신다. "그들이 이런 일을 할 것은 아버지와 나를 알지 못함이라"(요 16:3).

인간 속에 있는 악의 그림자와 더러운 폭력을 노출시키면서 예수 그리스도는 "친히 나무에 달려 그 몸으로 우리 죄를 담당하셨으

---

127. Ibid.
128. David Augsburger, "Reconciliation, Forgiveness, Healing Seminar," Winter 1998. Fuller Theological Seminary.
129. Raymond Schwager, Must There Be Scapegoats?(San Francisco: Harper & Row, 1987), p. 94.

니"(벧전 2:24), 이는 분노한 하나님을 우리에게 화해시키려는 것이 아니고, 오히려 우리를 사랑하시는 아버지 하나님께 화해시키고, 하나님의 형상의 자녀로 회복시켜 주시고자 함이었다. 하나님의 구속의 행동이 필요로 했던 것은, 우리의 원한과 어둠 속에 갇힌 거짓 자기는 하나님께로 돌아갈 수가 없었기 때문이다. 인간이 먼저 자신들의 원한 맺힌 거짓 자기로부터 구조되어야만 했다.

> "하나님은 보상을 필요로 하지 않으시지만, 인간들이 만일 값없이 주어진 사랑의 순수한 선물을 받아들일 수 있기 위해서는 그들 자신의 감옥으로부터 먼저 빼내어져야만 했다. 하나님이 달래어져야만 했던 것이 아니라, 인간이 그들의 원한으로부터 구조되어야만 했다."[130]

우리를 사랑하는 하나님은 그 자신이 마지막 희생양이 되시므로 이것을 이루어 주셨다. 그리스도는 인간을 위해 십자가에 달리 사 말할 수 없는 고통 가운데서도 우리를 향한 하나님의 크신 사랑을 확증해 주셨다.

폭력의 기초적 심리 과정이 효과를 발휘하기 위해서는 감추어져 있어야만 한다. 그런데 예수 그리스도는 거짓 인간들의 시기, 질투 속에 희생양이 되어 십자가에 피 흘려 죽으시면서 사랑의 하나님을 밝히 드러내 보여 주셨다. 월터 윙크는 주장하기를, "예수 그리스도께서 드러내신 하나님은 우리의 라이벌이 아니며, 협박하거나 복수심에 불타지 않고, 오히려 피에 의한 만족이 필요 없으시고, 무조건적으로 사랑하시며, 용서하시는 분이다"라고 하였다.[131] 피 흘림은

130. Schwager, *Must There Be Scapegoats?* P.209.

인간이 자신들의 옛 자기 곧 거짓 자기로부터 헤어 나오기 위해 필요한 것이었지, 하나님이 필요로 한 것은 아니었다.

십자가에 못 박히신 그리스도를 통하여, "가장 깊이 숨겨진 비밀스런 경쟁도 정복되는데, 이는 하나님이 인간들에게 그들의 가장 대담무쌍하고 열광적인 꿈들 속에서 상상할 수 있는 어떤 것보다도 더 위대한 것을 주시려고 하기 때문이다."[132]

곧, "하나님이 자기를 사랑하는 자들을 위하여 예비하신 모든 것은 눈으로 보지 못하고 귀로도 듣지 못하고 사람의 마음으로 생각하지도 못하였다"한 것을 하나님이 성령으로 우리에게 밝히 보이셨다(고전 2:9).

사람들은 자신들을 향한 하나님의 놀라운 사랑을 깨달을 때, 그들 속에 숨겨진 희생양을 만드는 악의 심리, 거짓 자기를 부지불식간에 버리게 된다. 이 땅 위에서 슬퍼하며 고통 가운데 울고 있는 사람도 자기를 향한 하나님의 크신 사랑을 깨달을 때, 오히려 하나님의 형상인 참 자기로 드러나며 기뻐 춤추게 된다.

폭력의 신은 사랑의 하나님이 나타날 때 아무것도 아닌 것이 된다. 올렌(Aulen)이 주장하듯이 악은 선한 하나님과 마주칠 때, 패배하고 만다.

기상천외한 결론 뒤에는 악의 세력이 선의 능력, 하나님 자신과 충돌할 때, 궁극적으로 악의 세력은 무리를 하여 실패하게 된다. 악은 승리했다고 보이는 순간 그 전투에서 패배한다.[133]

---

131. Walter Wink, *Engaging the Powers*, p. 149.
132. Schwager, *Must There Be Scapegoats?* P.180.
133. Gustaf Aulen, *Christus Victor*, p. 71.

인간에게 있는 죄악도, 선하신 하나님의 형상을 이룰 때 사라진다. 또한 용서받기 어려운 죄인일지라도 하나님의 형상인 참 자기를 드러낼 때, 비로소 그 죄가 사해지고 진정한 용서가 이루어진다.

한 젊은 여인이 아시시에 있는 성 프랜시스의 교회를 떠나는 것이 목격되었다. 그녀를 주시하는 한 사람이 있었는데 그는 사기와 폭력과 사악한 삶을 살고 있는 사람이었다. 그는 완전히 그녀의 아름다움에 넋을 빼앗기고, 여러 날 동안 그녀를 쫓아다니며 미행하기 위해 그의 바쁜 범죄생활도 버렸다. 그는 끈질기게 그녀에 대한 정보를 캐내어 그녀의 이름과 성품 그리고 그녀의 성 프랜시스에 대한 헌신과 가난한 자들을 사랑하는 봉사의 삶과 순박함을 알아냈다. 그러나 그녀를 만나고자 하는 그의 시도들은 모두 실패했다. 그녀는 그를 거들떠보지도 않았다.

실망한 그는 교회 앞 광장에서 한 신부와 커피를 마시면서 그녀가 아침에 기도할 때마다 바라보는 조각상에서 보는 얼굴 곧 성 프랜시스의 청정한 얼굴을 가지고 소명과 헌신을 한 사람만을 사랑하기로 서원했다는 것을 알아냈다.

그 남자는 이 한결같은 마음의 아가씨에게 매혹되었다. 그는 성 프랜시스를 연구하는 데 전념하며, 프란체스코 수도회의 공동체에서 잠시 살면서 천천히 다른 사람들에게 봉사하는 일에 열심을 내기 시작했다. 그러나 낭비된 젊음에서 온 그의 얼굴에 자국 난 악행의 깊은 선들을 변화시킬 수 있는 것은 아무것도 없었다.

그때 그는 가면을 만드는 사람에 대해 들었는데, 그녀는 태어나지 않은 양들의 피부로부터 새로운 얼굴들을 창조하며 그 양의 피부를 얼굴에 마법으로 붙여 결코 떨어지지 않게 하는 고도의 마술을 하는 여인이었다. 정말 그녀는 성 프랜시스의 상을 복제할 수 있었고, 그 남자는 그가 가진 모든 것을 희생시켜서 새 얼굴을 받았다. 악한 얼굴은 평온의 얼굴 밑으로 사라졌다.

드디어 그는 그의 사랑의 대상을 만났다. 그녀는 곧 그의 사랑의 헌신에 보답했다. 그들은 결혼하여 그들의 삶을 가난한 자들을 섬기는 데 헌신했다. 수고하고 희생하고 순종하는 여러 해가 지나갔다.

하루는 그들이 집시 집단들을 돕고 있을 때, 과거에 악한 일에 그의 동역자였던 한 여인이 그가 설교할 때, 그의 굵은 음성을 곧 알아챘다. 그의 새로운 삶에 대한 질투와 그의 성실에 대한 의심으로 여인은 청중들 앞으로 튀어 나와 긴 손톱으로 그의 목을 도려내어 그의 피부를 뚫고 그의 얼굴에서 가면을 찢었다. "위선자, 사기꾼, 거짓말쟁이!"라고 그녀는 외쳤다. "이 사람이 누구인지 보세요

여러분. 그의 진짜 얼굴을 보세요."

그 남자는 '이제 모든 것이 끝났다' 라고 체념했다. 그렇지만 그는 굴욕 가운데 죽으나, "죽음으로서 영원한 생명으로 태어난다"는 것을 알며, 노출된 채 서서 있었다.

그러나 그를 본 모든 사람들은 놀라지 않았다. 왜냐하면 그가 성 프랜시스의 일을 사랑의 순종 가운데 하는 동안 그의 얼굴은 그가 썼던 마스크보다 더 사랑스러운 얼굴로 변화되었기 때문이다. [134]

---

134. David W. Augsburger, *Helping People Forgive*, pp. 101-102.

3. 하나님의 실제(reality)인 참 자기

카렌호니는 "인격의 온전한 발전은 우리의 진정한 자아를 반영하는 자아상에 좌우된다"라고 하며, 실제에 근거를 두지 않는 자기 이미지는 신경증의 특징이며 이는 "자기가 자기 아닌 자기를 살 때 일어나는 증상"이라고 하였다. 현대인들은 자신의 실제를 떠나 환상을 좇다가 우울 속에 빠져 산다. 실제의 자기를 이탈한 환상 속의 자기가 과대망상을 불러온다. 자신의 실제와 자기 이미지가 일치할 때, 온전하게 된다.

실제의 자기를 상실하고 존재하지 않는 가상 인물의 환영에 홀려 획일화된 외모를 갖고 살아가는 사람들에 대하여 에리히 프롬(Erich Fromm)은 그의 글에서 예리하게 지적했다.

"오늘 우리는 마치 자동인형처럼 행동하는 어떤 사람을 우연히 만났다. 그는 자신을 알지도, 또 이해하지도 못한다. 그가 알고 지향하고 있는 유일한 사람은 실존하지는 않으나 자기가 그렇게 되어야 하는 가상의 인물이다. 그 인물은 정감 있게 대화하는 대신 쓸데

없는 말로 재잘거리고, 참다운 웃음 대신 억지 미소만 짓는다. 그는 또 진짜 고통스러움을 감추고 자포자기의 무딘 감정만을 내보인다. 이 사람에 대해서는 다음과 같이 말할 수 있을 것이다. 첫째, 그는 치유될 수 없는 자발 행위 및 개성의 결핍증으로 고통을 받고 있다. 둘째, 그는 이 땅을 걸어 다니는 수백만의 우리들 대부분과 본질적으로 조금도 다를 바가 없다."[135]

그리스도는 가상의 인물이 아니다. 그는 실체이다. 그는 참 되시다. 우리의 참 자기도 실체이신 그리스도 안에서 실체이다.

참 자기는 다른 사람들이 나에게 바라는 자신도 아니요 다른 사람들이 나에게서 보아 주기를 바라는 자기도 아니다. 내가 무엇이 되었으면 좋겠다는 자기도 아니요, 내가 누군가 되어야만 한다는 자기도 아니다. 이 자기는 있는 그대로, 실제의 자기이다.

이 자기는 자기애의 상처로 자신이 파멸하는 것이 아닌가 하는 불안과 고통의 반사 작용으로 자기를 방어하려 하지 않는다. 자기 과대감을 나타내 주는 이상적인 자기 대상을 평생 동안 추구하는 자기도 아니다.

현대 여성들 가운데 상당수가 세상에는 존재하지 않는, 신화에 나오는 비너스와 같이 되려는 이루어질 수 없는 환상 속에 우울증을 앓고 있다.

할리우드의 유명한 극작가요, 배우인 우디 앨런(Woody Allan)은 "나는 다른 몸을 가졌으면 좋겠다"는 말로 많은 현대인들의 고뇌를 표현하였다. 많은 사람들이 자기를 받아들이지 못하고 망상적인 거짓 자기로 살아간다. 토마스 머튼은, "참 자기에 다다르기 위해서는

---

135. Stephen R. Covey, *The 7 Habits of Highly Effective People (성공하는 사람들의 7가지 습관*, 김경섭, 김원석 옮김, (서울: 김영사, 1995), p. 49에서 재 인용.

사람은 우리의 부단한 현실로부터의 도피와 이기적 습관에 의해 우리가 만들어 낸 망상적이고 거짓된 자기로부터 은혜와 덕과 고행 생활에 의해 사실상 구해 내어져야 한다"라고 하였다.[136] 하나님 형상인 영적 실체는 자기를 직시하고 하나님의 사랑과 진리 안에서 기뻐한다. 모든 망상적인 갇힘에서 자유롭다. 거짓 자기는 현실을 부인하고 분석하려 하나, 성령이 다스리는 참 자기는 자기의 현실을 수용하고 인정한다.

임종 시 자기 현실을 받아들이지 못하여 고통 받고 있던 한 신사가 자기의 삶을 인정하였을 때, 평안히 본향으로 돌아갔다.

삶의 고통이나 불공정, 그리고 선천적인 핸디캡 같은 문제들도, 이를 직시하며 수용하고 인정할 때, 진정한 자유를 누린다. 자기 자신에게 진실하며, 자신의 삶을 있는 그대로 받아들일 때, 주 안에서 환희의 함성을 지를 수 있다.

데이비드 시맨즈(David Seamands)는, 자신이 그의 생애 전환점을 맞이한 것은 바로 자기를 있는 그대로 용납할 수 있었을 때라고 했다. 그는 마치 어느 날, 주님께서 다음과 같이 말씀하시는 것 같았다고 한다. "자, 이것이 네가 가진 전부이다. 너는 네가 아닌 다른 사람이 될 수 없어. 네가 가진 것을 불평하지 말고 만족하게 여기라. 그리고 그것을 가지고 잘 활용하는 법을 배워라. 만약 네가 한 걸음 더 나아가서 너의 진짜 모습이 아닌 초인적 자신의 모습을 버리고 실제의 모습을 내 손에 맡겨 버린다면, 너와 나는 좋은 관계를 가지게 되는 동시에 내가 너를 너 자신의 모습 그대로 사용할 수 있을 것이다. 그는 진리의 실제 안에서 진정한 자유를 얻었다."

로웬에 따르면, 모든 부푼 자기 이미지는 실제가 아니다. 과장함

---

136. Thomas Merton, *The New Man*, (NY: Mentor-Omega Book, 1963), 44.

은 그 자체가 비현실적 표현이요 어느 정도 건강하지 못한 표시라고 하였다.[137]

하나님은 실제이다. 하나님의 형상인 참 자기도 환영이 아닌 실제이다. 실제가 허상을 이긴다. 파커 파머는 실제의 하나님에 대하여 다음과 같이 말한다.

"내가 아는 하나님은 우리에게 이상적인 자기를 위해 추상적인 규범을 따르라고 요구하지 않는다. 하나님은 우리에게 우리의 한계들과 가능성들의 창조된 본질을 오직 존귀하게 여길 것을 요구하신다."[138]

그러나 파스칼이 이야기하였듯이 많은 사람들은 "진정한 자기 자신을 소홀히 하고 상상적인 자신을 꾸미거나 그것을 보존하려고 끊임없이 갈구하고 있다."

실제 존재하지 않는 사람이 되려다가 환상과 현실 사이에서 우울함이 깊어지고 노이로제에 걸린다. 환상 속에 사는 사람은 자신의 있는 그대로의 실제를 받아들이지 못한다. 사람이 자기 영혼과 몸의 현실에서 벗어나 환상 속의 자기를 좇다가 신경증에 걸린다. 왜냐하면 우리의 삶은 실제 위에 서 있고 실제와의 관계에서 자유하고 풍성하게 되기 때문이다.

초대 교회 당시에는 영혼을 몸보다 우위에 두었던 플라톤 철학의 영향을 받아 영에 비해 육은 비하되어 악의 수준으로 떨어질 뻔하였다. 그 결과 자기 몸을 받아들이지 못하고 거부하려 하며, 몸에 대해 부정적인 이미지를 투사하려고 했다. 극단적인 경우는 사람이 자신의 몸과 그 몸이 중재하는 현실의 접촉과 단절되어 정신 이상

---

137. Narcissism: *Denial of the true self*, 1983, p.197.
138. Parker J. Palmer, *Let Your Life Speak*, (San Francisco:Jossey-Bass Inc., 2000), p. 50.

을 가져오기도 한다. 이러한 징후 중의 하나는 "내 머리가 죽었다", "내 음성이 내게 이상하게 들린다", "내 손들이 다른 사람에게 속한 것 같다"라는 생각을 갖는다. 프랑스의 신경과 전문의인 보니에르(Bonnier)는 그의 환자 중에 한 명은 자신의 전체 몸이 완전히 사라졌음을 느꼈다고 기록했다.[139]

자기 정체감은 육신적 자아의 유용한 자산과 불리한 점에도 편안해 지는 몸의 수용력(body seating)을 포함한다고 어니스트 벡커(Ernest Becker, 1973)는 말했다. 에릭슨은 사람은 자신의 몸에 대하여 평안한 느낌을 가져야 한다고 하며, 그는 굴절 없는 바른 거울에 비치는 자기, 왜곡됨이 없는 건전한 자아상은 머릿속의 추상적인 생각에 그치는 것이 아니라 정서적으로도 바르게 이루어져야 한다고 하였다.

하나님은 우리 몸이 모태에서 잉태되기도 전에 사랑으로 만들어질 우리의 뼈와 형질을 다 보고 있었다. "내 형질이 이루기 전에 주의 눈이 보셨으며, 나의 지체들이 하나도 있기 전에, 계속적으로 형성되었던 나의 모든 지체들이 주의 책에 다 기록이 되었나이다"(시편 139:16, KJS 사역).

우리 몸은 참 자기의 분리할 수 없는 부분이다. 몸이 잠시 죽더라도 하나님의 정하신 때에 영적인 몸을 입게 된다. 천국에서는 영적 몸으로 서로를 알아볼 수 있다.

그리스도인의 희망은 몸의 부활에 있다. 그리스도의 몸을 통해 우리의 죄와 죽음의 몸은 구원받았다. 그리스도의 생명은 우리 몸을 통해서도 나타난다. 부활한 우리의 영적인 몸은 그리스도의 영

139. Seymour Fisher, *Body Image and Personality*, (New York: Dover publication, 1989), p.18, p.4.

광의 몸의 형체와 같이 변하게 될 것이다. 그리스도의 부활한 몸은 그의 지체들을 통해 빛나는데, 이는 거울을 보는 것 같이 그의 영광을 반사한다(고후 3:18).[140]

진리의 실제이신 그리스도와 하나님의 사랑 안에서, 우리는 자기 자신인 것을 기뻐하며, 하나님을 영화롭게 한다. 혹 사고나 질병으로 불구가 되었다 하더라도 성령 안에서 그리스도와 동일한 형상을 이루어 가는 참 자기는 가장 아름답다.

140. John A.T. Robinson, *The Body*,(London: SCM Press, 1952), 9.

제7장
하나님의 기쁨인 참 자기

1. 영원한 참 자기

필자가 군에서 비행기 조종을 할 때, 낙하산을 등에 메고 비행을 하였다. 이는 비상 상황일 때, 비행기에서 안전하게 뛰어 내려 살게 하려 함이다. 우리가 죽는 순간 우리의 영혼은 생명의 근원인 하나님 아버지께로 돌아간다. 그리고 하나님의 때에 우리의 몸은 영적인 몸으로 살게 된다.

하나님은 살아 있는 자의 하나님이시다. 하나님의 영원한 이름은 "아브라함의 하나님, 이삭의 하나님, 야곱의 하나님,"이시며 살아 있는 참 자기의 하나님이시다. 주님이 어떤 이의 하나님이라는 말은 그 사람이 죽지 않고 살아 있다는 것이다. "하나님은 죽은 자의 하나님이 아니요 살아 있는 자의 하나님이시라. 하나님에게는 모든 사람이 살았느니라"고 말씀하셨다(눅 20:38).

저명한 그리스도인 사상가인 존 히크(John Hick) 는 다음과 같이 말했다.

예수께서 하나님에 대해 자신의 직접적 의식에서 하신 말씀을 우리가 믿는다면, 우리는 미래의 삶에 대한 그분의 믿음도 공유해야 한다. 다음의 논리가 이 믿음을 뒷받침한다. 즉 무한한 사랑의 하나님은 유한한 인격을 만드신 뒤 그 본성의 잠재력 — 하나님 자신에 대한 의식을 포함해 — 이 이제 막 실현되기 시작하자 그 존재를 종식시킬 분이 아니다.[141]

그리스도가 생명인 참 자기는 그의 형상을 이루며 영원히 산다.

함석헌은 다음과 같이 말한다. "생명이 줄고 얼이 빠진 것은 나를 쭈그렸기 때문이다. 그러므로 먼저 나를 펴라. 영원무한에까지 펴라. 나는 영원한 것이요, 무한한 것이라고 믿어야 한다. 이 나는 작고 형편없는 듯하지만 저 영원무한에서 잘라 낸 한 토막 실오라기다."[142]

그리스도가 생명인 이 참 자기를 해할 것은 아무것도 없다. 이는 우리 생명이 그리스도와 함께 하나님 안에 감추어져 있기 때문이다(골 3:3). "내가 너를 모태에 짓기 전에 너를 알았고 네가 배에서 나오기 전에 너를 성별"하신 하나님 안에 참 자기가 있다(렘 1:5). 의사의 칼에 의해 뱃속에서 난도질당해 피눈물 흘리며 죽어 간 한 많은 영혼들도 하나님의 영원한 팔에 안기어 편히 쉴 수 있으리라. 고난과 환난과 죽음이 닥치더라도, 하나님이 "그의 모든 뼈를 보호하심이여 그 중에서 하나도 꺾이지 아니하도다"(시 34:20). 사고나 질병이나 죽음도, 그 어떤 일도 그리스도와 함께 하나님 안에 감추어진

141. John Hick, *The Center of Christianity* (San Francisco: Harper & Row, 1978), p. 106. *하나님의 모략*, 달라스 윌라드 저, 윤종석 옮김 (서울: 복있는 사람, 2002), p. 509에서 인용.
142. 함석헌, *너자신을 혁명하라*, (서울: 오늘의 책, 2003), p. 149.

우리의 참 자기를 해할 수 없다.

그러므로 "이 썩을 것이 썩지 아니함을 입고 이 죽을 것이 죽지 아니함을 입을 때에는 사망을 삼키고 이기리라고 기록된 말씀이 이루어지리라. 사망아 너의 승리가 어디 있느냐, 사망아 네가 쏘는 것이 어디 있느냐, 사망이 쏘는 것은 죄요 죄의 권능은 율법이라. 우리 주 예수 그리스도로 말미암아 우리에게 승리를 주시는 하나님께 감사하노라."(고전 15:54-57). 우리의 몸은 영의 몸으로 영원히 살게 되어있다. 하나님의 때에, 그리스도께서 "우리의 낮은 몸을 자기 영광의 몸의 형체와 같이 변하게 하시리라."(빌 3:21).

2. 기뻐하는 참 자기

사무엘 슈메이커(Samuel Suemaker)에 따르면 그리스도의 형상을 이루는 영혼의 확실한 표시는 믿음도 아니요, 사랑까지도 아니며 기쁨이다. 기쁨은 내 생명인 그리스도가 내 안에 살아 계시는 확실한 증거이다. 하나님을 깊이 사랑하고 이웃을 사랑할 때, 기쁨이 솟아난다.

기쁨은 그리스도와 동일한 형상을 이루어 가는 영혼의 계속적인 경험이다. 특히 주님께서 우리의 상처 입은 자아를 치유하시며 온전케 하실 때 "달빛은 햇빛 같겠고 햇빛은 일곱 배가 되어 일곱 날의 빛"과 같다(사 30:26).

하나님은 우리를 본래, "머리에서 발끝까지 할렐루야"가 되도록 지어 주셨다. 성 어거스틴은 그의 『참회록』 서두에서 다음과 같이 주님께 고백한다: "당신을 찬양함이 당신의 창조의 작은 부분인 사람의 열망입니다. 당신은 사람으로 하여금 당신을 찬양함에 기쁨을 갖도록 감동시킵니다. 왜냐하면 당신은 우리를 당신을 위해 만드셨고, 우리의 마음은 당신 안에 쉬기까지는 평안함이 없습니다."[143]

하나님은 친히 말씀하시기를, "이 백성은 내가 나를 위하여 지었나니 나를 찬송하게 하려 함이니라"고 하시며, 우리가 하나님께 "기쁜 이름이 될 것이며 찬송과 영광이 될 것이요"라고 하셨다(사 43:21; 렘 33:9).

평생 우울증으로 번민하며 살았던 현대 심리학의 대가 프로이드(Sigmund Freud)는 인생의 끝이 다가왔을 때 이런 질문을 스스로에게 던졌다. "인생이 힘들고 기쁨이 없다면, 게다가 너무나 비참하여 죽음만이 우리를 구해 주기를 바랄 수밖에 없다면 오래 산다는 게 무엇이 좋겠는가."[144] 루이스(C.S. Lewis) 도 회심 전 우울하게 살았었으나 프로이드와는 달리, 그리스도 안에서 참 자기를 찾은 후에, 우울과 절망은 기쁨과 희망으로 변했고, 힘겨운 야망의 짐은 자유와 행복한 관계로 바뀌었다.

인게(W.R. Inge)는 말하기를, "기쁨은 삶의 승리요 우리가 영적 존재로서 우리의 참된 생명을 살고 있다는 표적이다"라고 하였다. 진정한 자기는 기쁨과 창조와 사랑의 능력이 솟아나는 우리의 생명인 그리스도 안에 깊이 뿌리를 내리고 있다. 세상도 나도 아닌, 내 존재의 원천이신 그리스도로부터 기쁨이 샘솟는다.

윌리엄 바클레이(William Barclay)는 다음과 같이 말했다: "그리스도인의 기쁨은 땅에 있는 모든 것과 독립되어 있다. 그 이유는 그리스도인의 기쁨은 계속적으로 우리와 함께 하시는 그리스도에게 근

143. Augustine, *Confessions*, (Oxford: Oxford University Press, 1992), p. 3
144. Freud, *Civilization and Its Discontents in the Standard Edition of the Complete Psychological Works*, vol. XXI, p. 88. 인용: 아멘드 니콜라이 저, 홍승기 역, *루이스 vs. 프로이트*, (서울:홍성사, 2002), p. 169.

거를 두고 있기 때문이다. 사랑하는 연인들은 어디에 있든지 상관 없이 함께 있을 때면 항상 기쁘다. 마찬가지로 그리스도인도 사랑하는 예수 그리스도를 결코 잃지 않을 것이므로 기쁨도 결코 잃지 않을 것이다."[145] 참 자기는 하나님을 기뻐하고 사랑한다. 그리고 하나님도 우리를 사랑하고 기뻐하신다. "신랑이 신부를 기뻐함 같이 네 하나님이 너를 기뻐하시리라"(사 62:5).

하나님의 형상인 내 천성이 하나님의 성품과 하나 될 때에는 자연적으로 기쁨이 넘친다. 하나님의 영과 연합한 사람은 환경을 초월하여 성령의 열매인 사랑과 희락과 화평의 열매를 주렁주렁 맺는다.

사도 바울은 자신에 대한 개인적인 적개심, 투옥, 또는 변사를 당할지 모르는 상황에서도 항상 기뻐할 수 있었다. 항상 기뻐함의 비결은 주 안에 있는 것이다. 오직 주님이 우리 기쁨의 원천이다.

"주께서 나의 슬픔이 변하여 내게 춤이 되게 하시며 나의 베옷을 벗기고 기쁨으로 띠 띠우셨나이다. 이는 잠잠하지 아니하고 내 영광으로 주를 찬송하게 하심이니 여호와 나의 하나님이여 내가 주께 영원히 감사하리이다"(시편 30:11-12).

존 웨슬리는 1738년 5월 24일에 죄 짐에 눌리고 그 영혼에 기쁨이 없던 중 한 거리의 복음 전도자가 전하는 "의인은 믿음으로 말미암아 살리라"는 마르틴 루터의 로마서 강해를 들을 때 그의 마음이 이상하게도 뜨거워졌다. 그는 "그리스도가 나를 사랑하여 그 자신을 주셨음을" 성령 안에서 확신했고, 믿음으로 의롭다함을 받아 기쁨이 충만했다.

옛날 임금이 사는 성에는 깃발이 꽂혀 있었다고 한다. 이것은 지금 성안에 임금께서 계시다는 상징이었다. 옛 자아가 죽고 그리스

145. 론 클러그 지음, 조은혜 옮김, *성장하는 기쁨*, (서울:조이선교회 출판부, 1992), p. 43

도가 사는 참 자기도 그리스도의 임재를 나타내는 기쁨의 깃발이 펄럭인다. 기쁨은 우리를 위해 그리스도가 이루어 놓은 승리의 삶을 만끽하는 것이요, 그리스도가 생명인 참 자기가 살아 있다는 표적이다. 기뻐하는 참 자기는 하나님의 "영광의 찬송"이 된다 (엡 1:12).

기쁨이란 만족, 명랑 같은 자연적인 기쁨이 있고, 평안, 고요 같은 정신적인 기쁨과 믿음의 기쁨, 소망을 즐거워함 등의 영적인 기쁨이 있다. 기쁨은 빛나고 활력이 있고, 환희에 찬 모습을 포함한다. 에드워드(D. M. Edwards)는 기쁨이 "침울이 없는 환희가 아닌 믿음의 승리"라고 하였다. 하나님의 자녀가 기쁘게 사는 것은 우리를 향하신 하나님 아버지의 뜻이다. 모든 순교자는 기뻐하였다.

마르틴 루터는 우울증에 사로잡혀 있던 마티아스 벨러라는 사람에게 다음과 같은 편지를 썼다. "주님 앞에서 즐거워하는 마음을 갖는 것보다 주님이 기뻐하시며 사랑스러워하는 제사는 없다. 그러므로 슬픔이나 우울함이 당신을 위협할 때 당신은 말해야 한다. '사단아, 물러가라. 나는 지금 주님께 찬양 드리며 음악을 연주해 드릴 것이다.' "[146]

신학자 칼 바르트도 말하기를, "기뻐하는 것, 자신을 위로하고 자신을 강하게 하고 기뻐함을 받는 것은" 우리가 지킬 계명이며, 기쁨은 도전적인 것으로 어떤 상황 안에서 일어났을 지도 모를 분노와 공포를 완전히 막아 주는 것이라고 하였다.

주 하나님이 지은 자연도 슬퍼하는 사람들을 향해 오히려 기뻐하라고 속삭이는 듯하다. 흐르는 물도 초목도 우리에게 하나님의

146. 론 클러그 지음, *성장하는 기쁨*, p. 122

사랑과 기쁨의 진리를 전해 준다. 사막 가운데 평화롭게 흐리는 물을 보면서 나는 다음과 같이 노래했다.

마음이 상하여 방황할 때

잔잔한 물은 내게
평온으로 살라하네

푸르른 물은 내게
기쁘게 살라하네

깊은 물은 내게
사랑으로 살라하네

솟는 물은 내게
생명의 근원으로 살라하네

하나님은 우리의 모든 슬픔을 변하여 기쁨이 되게 하신다. 에스겔 골짜기의 마른 뼈같이 죽은 듯한 인생일지라도 우리의 부활 생명이신 그리스도의 영을 받을 때, 힘줄이 생기고 살이 붙어 기쁨으로 살아난다.

몰트만은 그의 책 『생명의 영』(The Spirit of Life)에서 주장하기를, "인간 생존에 절대적으로 필요한 한 가지는 하나님의 영에 의해 소생된 생명에 대한 무조건적 긍정이다"라고 하였다. 빛을 잃고 신음하며 울부짖던 영혼도 그리스도의 영과 연합할 때, 생명의 에너지와 사랑의 빛을 받으며, 기뻐 뛴다. "노래하는 자와 뛰어노는 자들이 말하기를 나의 모든 근원이 네게 있다 하리로다"(시 87:7).

주후 1654년 블레이저 파스칼은 성령 안에서 자기 존재의 살아 있는 원천이요 원형인 그의 구주 예수 그리스도를 만난 기쁨을 다음과 같이 표현했다. "확신, 가슴 벅찬 기쁨, 평안,", "기쁨, 기쁨, 기쁨, 기쁨의 눈물이 흐르는구나." "영원한 달콤한 연합", "나의 인도자이신 예수 그리스도께 대한 전적인 항복"이라고 고백하며 "영영히 기뻐" 외쳤다. 그는 그의 개인적인 하나님을 진정 만났다.

이사야 선지자는 다음과 같이 찬양한다. "여호와께서 나를 매우 기쁘게 해 주셨다. 내가 온 마음으로 내 하나님 안에서 즐거워한다. 여호와께서 나에게 구원의 옷을 입혀 주셨고, 의의 겉옷을 입혀 주셨다. 나는 결혼식을 위해 단장한 신랑 같고, 보석으로 치장한 신부 같다. 땅이 식물을 자라게 하며 동산이 그 곳에 뿌려진 씨를 자라게 하듯이, 주 여호와께서 의와 찬송을 모든 나라 앞에서 솟아나게 하실 것이다"(사 61:10-11, 쉬운성경).

여호와를 기뻐할 때 힘이 솟는다. 어둠이 우리를 둘러 진칠 때에라도 '주 안에서 항상 기뻐해. 우리 항상 기뻐해' 라는 찬양을 부르면 어느덧 우리 속에 기쁨의 빛이 발한다. 기쁨이 깊어질수록 다른 사람의 기쁨에서 나의 기쁨을 찾는다.

망망한 대양 위에 일어나는 무수한 파도는 큰 바다에 흡수되어 다 사라져 버리듯이 하늘보다 높고, 바다 보다 깊은 하나님의 사랑과 기쁨 안에서 우리에게 닥치는 어떤 고난과 슬픔도 힘을 잃고 사라진다.

선교사 밀드레드 라이스(Mildred Rice) 여사는 1934년에 남편 에드워드 라이스와 결혼 후, 하나님 뜻을 행하는 것이 자신들이 필요로 하는 전부라는 것을 깨닫고, 선교사로서 중국으로 향했다. 그런데 중국에 가서 자신의 아이가 첫돌 4일 전에 침대에서 죽어 있는 것을 보고 그녀는 말할 수 없는 충격에 싸였다. 모든 삶을 버리고 주님을 위해 목숨 내놓고 선교사로 와서 일하는데, 하나님은 자신에게 왜 이런 고통을 허락하는지 그녀는 슬프고 다리가 떨려 교회에도 가지 못하였다. 두문불출하고 자신에게 이런 일이 왜 일어났는지 탄식하고 있을 때, 이웃에 사는 한 선교사가 그녀에게 다음의 시를 건네 주었다.

> '왜들' 을 당신의 십자가 밑에 내려놓으세요.
> '왜들' 을 당신의 십자가 아래 내려놓으시고,
> 거기서 나오는 어떤 결실로 주님께 바치세요

1993년경 내가 그녀를 만났을 때, 70세가 훨씬 넘었지만 그녀의 얼굴은 태양같이 빛나고 기쁨이 넘쳐흘렀다. 그녀는 내게, "하나님의 최상의 뜻을 행하는 것이 아무것도 대신할 수 없는 참된 기쁨입니다"라고 힘주어 말했다. 역경 중에도 하나님을 기뻐하며 사랑하는 그녀의 영혼은 그리스도의 빛과 향기를 발하였다.

화니 크로스비(Fanny Crosby; 1820-1915)는 담당 의료진의 의술부족으로 태어난 지 6개월 후에 시력을 잃었다. 그렇지만 그녀는 하나님의 형상의 참 자기를 찾았고, 여덟 살에 다음의 찬양시를 지었다.

> 난 얼마나 기쁜 영혼을 지녔는가!
> 비록 내가 볼 수는 없지만

난 이 세상에서 만족하려고 결심했네
얼마나 많은 복을 내가 누리는지
다른 이들에게는 이 복이 없으리
내가 장님이기에 울고 한숨짓는 일
난 할 수 없으리
하지 않으리

그녀는 8천 5백여 편의 주옥같은 찬송시를 써서 수많은 영혼들을 주님께로 인도하였다. 화니 크로스비가 지나온 생을 회고하는 때에 누군가 그녀에게 물었다. “화니, 당신은 장님이 아니었기를 원하죠?” 그녀는 늘 말하던 대로 대답했다. “글쎄요, 장님이어서 좋은 점은,” 천국에 올라가서 “맨 처음 볼 얼굴이 예수님의 얼굴이라는 것입니다.”

하나님은 그의 사랑하는 자녀들을 보실 때, “그가 너로 말미암아 기쁨을 이기지 못하시며 너를 잠잠히 사랑하시며 너로 말미암아 즐거이 부르며 기뻐하시리라 하리라”(습 3:17).

3. 하나님을 영화롭게 하는 참 자기

필자가 켄터키에 있는 시골에서 공부할 당시 멀리서 방문한 친구와 함께 주유소에 가서 가스를 넣었다. 그런데 차가 움직이지를 않았다. 가스 대신 디젤이 들어갔다는 것을 알았다. 차 수리 점에 가서 한나절이 지나도록 연료통을 씻어내고 플러그를 모두 새 것으로 갈고 연결선도 세척했지만 시동이 걸리지 않았다. 다행히 엔진을 해체해야 할 때쯤 시동이 조금씩 걸리기 시작하였다. 그 차는 가스 연료로 움직이게 만들어졌지, 결코 디젤로는 갈 수 없었던 것이다.

마찬가지로 우리 몸은 주를 위하여 존재하고 주는 우리 몸을 위하신다. 폴 뚜르니에는 『인간 치유』란 책에서 하나님께서는 모든 사람을 위한 계획을 가지고 계신다고 하였다. 이 하나님의 목적을 따라 사는 삶은 정상적인 삶이다. 그러나 하나님의 계획에서 육체적으로, 도덕적으로 그리고 영적으로 떠나 사는 것은 우리의 건강을 해치게 되는 잘못된 삶이다. 그리스도의 지체인 우리의 몸은 주를 위하고, 주는 몸을 위한다. 몸의 각 기관이 미리 계획된 디자인과

용도가 있듯이 각 사람도 미리 설정된 독특한 목적과 사명을 이루며 하나님을 영화롭게 하기 위해 존재한다. 우리는 누구나 이 땅위에 사는 50억 이상의 사람들 중에서 자기만의 독특한 인격이 있고, 자기만 할 수 있는 소명과 사명을 가지고 태어났다. 참 자기는 하나님의 부르심에 순종하며 그를 사랑한다. 또 하나님의 것인 자기 몸으로 하나님을 영화롭게 하는데 희열을 느낀다.

우리 주 하나님은, "내 이름으로 불려지는 모든 자 곧 내가 내 영광을 위하여 창조한 자를 오게 하라. 그를 내가 지었고 그를 내가 만들었느니라"(사 43:7)라고 말씀하신다.

순교자인 성 이레누우스(St. Irenaeus)교부는, "하나님의 영광은 온전히 살아 있는 인간이다"라고 말하였다. 온전히 산 자는 작은 예수로서, 하나님의 진리와 선과 아름다움과 사랑을 나타낸다. 옛날 한 시인은 다음과 같이 노래했다.

> 내가 만일 나이팅게일이었다면
> 나는 나이팅게일[147]에게 알맞은 일을 하였을 것입니다.
> 내가 만일 백조였다면,
> 나는 백조에게 알맞은 일을 하였을 것입니다.
> 하나님의 형상인 나는 진실로 하나님을 영화롭게 하렵니다.

참 자기의 살아 있는 원형인 예수 그리스도는 우리로 하나님의 영광이 찬송이 되게 하신다. 그는 성령으로 말미암아 우리로 그와 동일한 형상을 이루는, 하나님의 영광스런 자녀로 나타나게 하신다.

---

147. 유럽산 지빠귓과의 작은 새; 밤에 아름다운 소리로 노래함. 참 자기는 인생의 어두운 밤에도 하나님을 찬양한다.

"우리가 다 수건을 벗은 얼굴로 거울을 보는 것같이 주의 영광을 보매 그와 같은 형상으로 변화하여 영광에서 영광에 이르니 곧 주의 영으로 말미암음이니라"(고후 3:18).

베풀어 주신 하나님의 사랑과 은혜에 감격하면서, '하나님 형상인 나'는 영원히 하나님께 영광의 찬송을 올려 드린다.

하나님의 형상인 나

하나님의 형상인 나는
사랑이야
주는 사랑의 원형적 원천이라서

하나님의 형상인 나는
기쁨이야
주는 기쁨의 원형적 원천이라서

하나님의 형상인 나는
승리야
주는 승리의 원형적 원천이라서

하나님의 형상인 나는
온전이야
주는 완전의 원형적 원천이라서

하나님의 형상인 나는
빛이야
주는 빛의 원형적 원천이라서

하나님의 형상인 나는

영생이야

주는 영생의 원형적 원천이라서